One Pot Wonders

Hinweise zum Buch

Backofentemperaturen

Die Backofentemperaturen in diesem Buch beziehen sich auf einen Elektroherd mit Ober- und Unterhitze. Falls Sie mit Umluft arbeiten, reduziert sich die Temperatur um 20 °C.

Abkürzungen

cl = Zentiliter
cm = Zentimeter
El = Esslöffel
g = Gramm
kcal = Kilokalorien
kg = Kilogramm
kJ = Kilojoule

l = Liter
ml = Milliliter
Msp. = Messerspitze
TK = Tiefkühlprodukt
Tl = Teelöffel
Ø = Durchmesser

Bildnachweis

Fotografie: TLC Fotostudio

Illustrationen: Fotolia.com: © Iveta Angelova (Zickzack-Muster), © rinohara (alle gegenständlichen Illustrationen), © Maria Kazanova (flächige bunte Textunterlegungen)

One Pot Wonders

Alles in einem Topf gekocht!

Inhaltsverzeichnis

Einleitung 6

One Pots mit Pasta

14

One Pots mit Reis

52

One Pots mit Kartoffeln

72

One Pots mit Getreide & Co.

86

One Pots: Suppen & Eintöpfe

108

Rezeptverzeichnis 128

Einleitung

Was sind eigentlich genau One Pots? Wie koche ich die? Worauf muss ich achten, was gehört in den Topf? Diese und weitere Fragen beantwortet das folgende Kapitel.

Mit vielen nützlichen Tipps für perfekte One Pots!

Ein Topf – alles gut!

Wäre das nicht schön – ein leckeres Essen auf dem Tisch und nur ein einziger Topf im Abwasch? Wäre das nicht schön – einfach alle Zutaten in einen Topf, Deckel drauf, und alles gart von ganz allein, während man den Tisch deckt oder den Kindern eine Geschichte vorliest? Ja, das wäre schön – dachte sich auch die amerikanische TV-Köchin und Hausfrauen-Ikone Martha Stewart und probierte es einfach aus. Sie startete mit Nudeln und so lautete das erste von ihr entwickelte Rezept „One Pan Pasta". Über diverse Blogs verbreitete sich das Rezept schnell im Internet und zog viele begeisterte Nachahmer nach sich. Mittlerweile findet man „Aus-einem-Topf"-Rezepte auch unter den Namen „One Pot Pasta", „One Pot Wonders" oder schlicht „One Pots".

One Pot: viel mehr als Eintopf

Natürlich sind Gerichte, die in nur einem Topf gekocht werden, grundsätzlich keine neue Erfindung: Linseneintopf, Minestrone oder Chili con Carne werden schon immer in einem Topf gekocht. Neu ist allerdings, dass One-Pot-Gerichte nicht mehr vor allem Suppen und Eintöpfe sind. Jetzt werden auch Nudeln in der Sauce oder Hirse und Reis mit dem Gemüse in einem Topf gekocht und am Schluss ist genau so viel Flüssigkeit übrig bzw. aufgesogen, wie das Gericht braucht. Das ist der Hauptunterschied zum klassischen Eintopf. Auch Hähnchenschenkel aus dem Ofen oder Lasagne werden mittlerweile in nur einem Topf bzw. Gefäß gekocht. Dann gibt es zur Lasagne eben keine Béchamelsauce und die Platten liegen auch nicht akkurat neben- und übereinander geschichtet. Dafür schmeckt es mindestens genauso lecker und der Aufwand für Zubereitung und Abwasch ist erheblich niedriger.

In der strengen Auslegung von One Pot werden alle Zutaten in einen Topf geschichtet und in ausreichend Flüssigkeit gegart. Röstaromen, die beim Anbraten entstehen, können bei dieser Vorgehensweise allerdings nicht entstehen. Darum wäre es aber schade, dachten wir uns, und haben uns deswegen dafür entschieden, in unseren Rezepten hin und wieder Gemüse anzubraten und dann erst die restlichen Zutaten hinzuzugeben.

One Pot: So geht's

Alles klein schneiden, in den Topf werfen, Deckel drauf und ab auf die Couch. So einfach ist es dann doch nicht bei allen Gerichten. Wer alles in einem Topf garen möchte, muss die Zutaten mit Bedacht wählen und mit Köpfchen ins Töpfchen schichten. Denn liegt die Zucchini ganz unten und die Möhre ganz oben, gibt's Zucchinimatsch mit Möhrencrunch. Vielleicht auch lecker, aber nicht unbedingt gewünscht. Wer erfolgreich in einem Topf kochen will, sollte Folgendes bedenken:

Welchen Pott nehme ich?

Prinzipiell sind alle Töpfe für One Pot Wonders geeignet. Beschichtete Töpfe haben den Vorteil, dass Sie Zwiebeln und Knoblauch darin anbraten können, ohne dass diese zu schnell verbrennen

oder Sie Unmengen an Fett benötigen. Bei manchen One-Pot-Gerichten wird auch zunächst etwas auf dem Herd angebraten und dann im Ofen fertig gegart. Entsprechend benötigen Sie dafür einen ofenfesten Behälter, etwa einen Bräter. Natürlich können Sie One Pot Wonders auch in Ihrer Lieblingspfanne kochen, sofern diese einen passenden Deckel hat. Der Vorteil hierbei ist, dass Pfannen häufig beschichtet sind und Sie somit problemlos darin anbraten können, sofern dies notwendig ist.

Step by Step

One Pot Wonders sind prima geeignet für Kochneulinge. Warum? Ganz einfach: Weil bei One Pots alles schön der Reihe nach stattfindet. Während bei anderen Rezepten häufig mehrere Dinge parallel oder schnell hintereinander geschehen müssen, lesen Sie bei One-Pot-Rezepten zunächst in Ruhe die Zutatenliste, holen dann die Lebensmittel, bereiten die Lebensmittel eins nach dem anderen vor – waschen, schälen, putzen, klein schneiden – und schichten diese schließlich in den Topf. Dann wird der Herd angestellt und Sie haben Zeit, schon mal die Küche aufzuräumen. Wenn Sie sich zu Tisch begeben, ist alles schön sauber und Sie können Ihren restlichen freien Abend genießen.

Was kommt in den Topf?

In diesem Buch haben wir zahlreiche leckere und passende Kombinationen für Sie zusammengestellt. Aber nach ein bisschen Übung haben Sie vielleicht auch Lust, Ihre eigenen One Pots zu entwickeln. Dabei gibt es einige Grundregeln zu beachten:

Die Basiszutat

Am besten überlegen Sie sich zunächst, welches die Basiszutat sein soll, die dann mit Gemüse angereichert wird. Als Basiszutat eignen sich beispielsweise:

- Nudeln (aus Weißmehl oder Vollkorn)
- asiatische Nudeln (z. B. Mie-Nudeln)
- Kartoffeln
- Süßkartoffeln
- Reis
- Hirse
- Bulgur
- Couscous
- Quinoa
- Amaranth

Ausgehend von dieser Grundlage überlegen Sie dann, welche Gemüsesorten am besten passen. Das hängt vor allem von den jeweiligen Garzeiten ab. Während Weißmehlnudeln in 8–10 Minuten gar sind, brauchen Vollkornnudeln etwas länger, Mie-Nudeln dagegen sind schon in 3–5 Minuten fertig. Wer bisher großen Wert darauf gelegt hat, dass seine Pasta genau al dente gekocht ist, wird jetzt ein wenig umdenken müssen: Nudeln mit der One-Pot-Methode gekocht schmecken einfach ein bisschen anders – und mindestens genauso toll! Denn in der sämigen Sauce statt in Salzwasser gegart sind sie auf jeden Fall viel aromatischer.

Bei Kartoffeln und Süßkartoffeln hängt die Garzeit von der Größe der Stücke ab, in die sie zurechtgeschnitten sind. Sie brauchen zwischen 15 und 35 Minuten.

Reis hat ebenfalls unterschiedliche Garzeiten. Basmatireis benötigt 15 Minuten, Milch-, Natur- und Risottoreis sind in etwa 30 Minuten gar und Wildreis in 45 Minuten.

Hirse muss zunächst in ein Sieb gegeben und mit heißem Wasser gewaschen werden. Das spült Bitterstoffe aus. Anschließend köchelt sie etwa 15 Minuten und quillt dann aus. Muss das Gemüse in der Sauce noch weich werden, kann die Hirse darin auch problemlos 20–30 Minuten garen.

Bulgur ist geschroteter Weizen und zählt in der orientalischen Küche zu den Grundnahrungsmitteln. Da Bulgur während seiner Herstellung bereits vorgegart wurde,

benötigt er wenig Hitze und nur ca. 20 Minuten zum Ausquellen.

Couscous ist grober Hartweizengrieß und ebenfalls aus der orientalischen Küche nicht wegzudenken. Er ist kinderleicht und schnell zuzubereiten: Couscous muss nämlich nur in heißem Wasser quellen – ideal für fixe, unkomplizierte Gerichte.

Quinoa stammt aus Südamerika und ist inzwischen auch bei uns sehr beliebt. Die Samen können rotbraun, gelb oder weiß sein. Quinoa ist botanisch gesehen kein Getreide, sondern gehört zu den Gänsefußgewächsen. Es ist glutenfrei und damit auch eine ideale Alternative für Menschen, die Gluten nicht vertragen. Vor dem Kochen sollten Sie Quinoa unter fließendem heißem Wasser gründlich abspülen, damit Bitterstoffe ausgewaschen werden. Anschließend 15–20 Minuten köcheln lassen.

Amaranth erlebt wie Quinoa gerade eine Hochphase und ist ebenfalls glutenfrei. Amaranth eignet sich hervorragend für Frühstücksbreie und Porridge, aber auch für die herzhafte Küche ist er eine Bereicherung. Amaranth muss 10–15 Minuten kochen und anschließend ca. 20 Minuten ausquellen.

Weitere Tipps

- Schnell garendes Getreide mit weichem Gemüse kombinieren oder hartes Gemüse winzig klein schneiden.
- Vollkornpasta oder -reis passt gut zu Gemüse mit etwas längeren Garzeiten wie z. B. Kürbis oder Möhren.
- Lang Garendes wie Rote Bete oder Kartoffeln immer nach unten in den Topf legen, schnell Garendes obenauf dämpfen, z. B. Lachs oder Erbsen.
- Mit der Flüssigkeitsmenge zunächst etwas zurückhaltender umgehen und lieber bei Bedarf im Laufe des Garvorgangs nachgießen.
- Sind Tomaten oder andere wasserhaltige Gemüse im Topf, sollte die Flüssigkeitsmenge etwas reduziert werden, sofern keine große Menge an Sauce erwünscht ist.

Schön getoppt

Bei One-Pot-Gerichten sind die Möglichkeiten, das Essen schön anzurichten, natürlich etwas reduziert. Dennoch gibt es einen Trick, um Ihr One Pot Wonder ansprechend herzurichten: Schmücken Sie das Gericht ganz zum Schluss mit einem hübschen Topping. Dazu eignen sich z. B.:

- Kräuter, entweder frisch gehackt oder in ganzen Blättern
- gehackte Nüsse
- geraspelter oder geriebener Käse
- frische Sprossen, z. B. Alfalfa, Radieschen, Erbsen, Amaranth oder Kresse
- Avocadowürfel

Auch können Sie von der ein oder anderen Zutat ein wenig zurückbehalten, um sie am Ende frisch über das Gericht zu streuen. Das könnten z. B. sein:

- feine Frühlingszwiebelringe
- einige Tomatenwürfel
- Apfel- oder Birnenscheiben
- Olivenringe

One Pots und Fleisch

Aus gutem Grund gibt es in diesem Buch nicht allzu viele Rezepte mit Fleisch und Fisch, denn für diese Zubereitungsart sind sie nur bedingt geeignet. Die exakt eingehaltene Garzeit spielt doch bei Fleisch und Fisch häufig eine große Rolle und das ist bei One Pots nicht immer auf die Minute machbar. Folgende Sorten und Arten können Sie jedoch gut für One Pots einsetzen:

- Grundsätzlich eignen sich für One-Pot-Gerichte alle Fleischsorten, die zum Kurzbraten geeignet sind, d. h. die wenig Sehnen enthalten. Bratenstücke etwa, die erst bei langen Garzeiten weich werden, sind nicht zu empfehlen.

- Fisch eignet sich in der Regel gut, weil er nur sehr kurze Garzeiten braucht, ähnlich wie Kurzgebratenes. Allerdings sollten Sie nur filetierten Fisch verwenden. Legen Sie Fisch immer obenauf, da er sonst zerfällt.

- Geräucherte Fisch- oder Wurstprodukte (z. B. Räucherspeck) müssen nicht durchgaren und geben dem Gericht zudem viel Geschmack durch Fett, Rauch und Gewürze.

- Gepökeltes und gekochtes Fleisch, wie z. B. Kassler, hat recht kurze Garzeiten, da das Fleisch bereits gegart ist. Auch Salami, die durch Pökelsalze und Trocknung reift, muss nicht gegart werden. Die dabei entstehenden Aromen sind für die Würzung von One-Pot-Gerichten gut geeignet.

- Hackfleisch ist ebenfalls gut geeignet und schmeckt am besten, wenn es zu Beginn angebraten wird.

- Grundsätzlich gilt: Alle Fleischstücke müssen zuvor in kleine Stücke geschnitten oder das Fleisch sollte direkt als Gulasch gekauft werden.

Und nun, ran an den Pott und gutes Gelingen!

One Pots mit Pasta

Voller Aroma, ganz eingehüllt in köstliche Sauce und umgeben von Gemüse, Käse, Schinken, Nüssen oder Kräutern – so haben Sie Ihre Nudeln noch nie gegessen!

Perfekt für einen entspannten Feierabend!

One-Pot-Pasta
Grundrezept

4 Portionen • 512 kcal/2144 kJ, 18 g E, 7 g F, 92 g KH pro Portion

ZUTATEN

1 Zwiebel
1 Knoblauchzehe
400 g Cocktailtomaten
2–3 El getrockneter Oregano
4 Stängel Basilikum
500 g Spaghetti
2–3 El Gemüsebrühepulver
2 El Olivenöl
Salz
Pfeffer

Zubereitungszeit:
ca. 15 Minuten
(plus Garzeit)

vegan

Zwiebel und Knoblauch schälen, in Würfel schneiden und in einen großen Topf geben. Tomaten waschen, halbieren und zusammen mit dem Oregano ebenfalls in den Topf geben. Basilikum waschen, trocken schütteln, die Blättchen abzupfen und in Streifen schneiden.

Spaghetti in der Mitte durchbrechen und zu den restlichen Zutaten in den Topf legen. Gemüsebrühe und Öl hinzufügen und anschließend alles mit 1 l kochendem Wasser übergießen.

Alles unter gelegentlichem Rühren ca. 10 Minuten kochen lassen. Sind die Nudeln gar, mit Pfeffer und Salz würzen und mit Basilikum dekoriert servieren.

Auch lecker mit Thymian oder Rosmarin – und Parmesan.

Penne mit Steckrübe
und Erbsen

4 Portionen • 495 kcal/2075 kJ, 29 g E, 18 g F, 54 g KH pro Portion

ZUTATEN
1 Zwiebel
350 g Steckrübe
2 Zweige Rosmarin
150 g Parmesan
250 ml Gemüsebrühe
600 ml Milch
200 g Penne
200 g Erbsen (TK)
½ Tl Salz
1 Msp. Pfeffer

Zubereitungszeit:
ca. 20 Minuten
(plus Garzeit)

Die Zwiebeln schälen und fein hacken. Die Steckrübe ebenfalls schälen und in ½ cm große Würfel schneiden. Den Rosmarin waschen, trocken schütteln, die Nadeln abzupfen und fein hacken. Den Parmesan grob reiben.

Steckrübe mit Zwiebel, Rosmarin und Gemüsebrühe in einen Topf geben und in 15–20 Minuten weich garen. Mit einem Kartoffelstampfer zerstampfen, dann Milch, Parmesan, Nudeln, Erbsen, Salz und Pfeffer zugeben. Bei geschlossenem Deckel und mittlerer Hitze 10 Minuten köcheln lassen. Gegebenenfalls etwas Wasser nachgießen und vor dem Servieren gut durchrühren.

Schmetterlingsnudeln
Bella Italia

4 Portionen • 509 kcal/2132 kJ, 22 g E, 11 g F, 79 g KH pro Portion

ZUTATEN

- 500 g Tomaten
- 1 Handvoll Rucola
- 5 getrocknete Tomaten
- 75 g schwarze Oliven
- 100 g Mini-Mozzarella-Kugeln
- 350 g Schmetterlingsnudeln (Farfalle)
- 250 g Kichererbsen aus der Dose
- 3 Tl eingelegte Kapern
- 2 El getrocknete italienische Kräuter
- 1 Msp. Pfeffer
- 1 El Honig

Die Tomaten waschen, vom Stielansatz befreien und klein würfeln. Den Rucola waschen, trocken schütteln und grob hacken. Getrocknete Tomaten in feine Streifen schneiden. Die Oliven gegebenenfalls entsteinen und in feine Ringe schneiden. Die Mozzarella-Kugeln abtropfen lassen und halbieren.

Die Farfalle mit Kichererbsen, Kapern, Tomaten, getrockneten Tomaten, Oliven, getrockneten Kräutern, Pfeffer und Honig in einen Topf geben und mit 500 ml Wasser aufgießen. Bei geschlossenem Deckel und mittlerer Hitze ca. 10 Minuten köcheln lassen. Vor dem Servieren gut durchmengen und mit Rucola und Mozzarella bestreut servieren.

Zubereitungszeit: ca. 20 Minuten (plus Garzeit)

vegetarisch

> Wenn Sie die Mozzarella-Kugeln einige Minuten vor Ende der Garzeit hinzufügen, schmelzen sie etwas, das schmeckt auch lecker.

One Pots mit Pasta

Soba-Nudeln
mit Gemüse in Kokosmilch

4 Portionen • 441 kcal/1844 kJ, 12 g E, 3 g F, 90 g KH pro Portion

ZUTATEN
1 kleiner Pak Choi
250 g Zuckererbsenschoten
4 Frühlingszwiebeln
200 g braune Champignons
1 Stück Ingwer (1–2 cm lang)
1 unbehandelte Limette
50 g Cashewkerne
½ Bund Koriander
450 g Soba-Nudeln
600 ml Kokosmilch
½ Tl grüne Currypaste
Salz

Zubereitungszeit:
ca. 25 Minuten
(plus Garzeit)

Den Pak Choi waschen, putzen und in feine Streifen schneiden. Die Zuckererbsenschoten waschen. Die Frühlingszwiebeln waschen, putzen und in feine Ringe schneiden. Die Pilze putzen und in feine Scheiben schneiden. Die Limette heiß abspülen, abtrocknen, die Schale abreiben und den Saft auspressen. Den Ingwer schälen und fein hacken. Die Cashewkerne grob hacken. Den Koriander waschen, die Blättchen abzupfen und fein hacken.

Die Soba-Nudeln mit Kokosmilch, Currypaste, Pak Choi, Zuckererbsenschoten, Frühlingszwiebeln, Pilzen, Limettensaft und -schale und Ingwer in einen Topf geben und mit Salz würzen. Aufkochen und bei geschlossenem Deckel 5–10 Minuten köcheln lassen. Ggf. noch etwas Wasser nachgießen. Den Nudeltopf vor dem Servieren gut durchmengen und mit Koriander und Cashewkernen betreuen.

Gorgonzola-Pasta
mit Birne und Mangold

4 Portionen • 781 kcal/3269 kJ, 30 g E, 30 g F, 86 g KH pro Portion

ZUTATEN
2 Knoblauchzehen
2 Birnen
300 g Mangold
300 g Gorgonzola
4 El Walnüsse
300 ml Rotwein
400 g Farfalle

Zubereitungszeit:
ca. 20 Minuten
(plus Garzeit)

Den Knoblauch schälen und fein hacken. Die Birnen waschen, schälen, entkernen und würfeln. Den Mangold waschen, trocken schütteln und klein schneiden. Den Gorgonzola grob würfeln, die Walnüsse fein hacken.

Knoblauch, Birnen, Mangold, Gorgonzola und Nudeln in einen Topf geben und mit Rotwein und 600 ml Wasser aufgießen.

Den Deckel schließen, einmal aufkochen lassen und anschließend bei mittlerer Hitze 7–10 Minuten köcheln lassen. Gegebenenfalls noch etwas Wasser nachgießen. Vor dem Servieren gut durchmengen und mit den gehackten Walnüssen bestreuen.

vegetarisch

One Pots mit Pasta

Salami-Pasta
in Zwiebel-Knoblauch-Sahne

4 Portionen • 764 kcal/3199 kJ, 30 g E, 39 g F, 74 g KH pro Portion

ZUTATEN
300 g italienische Salami
400 g kurze Nudeln
1 rote Zwiebel
3 Knoblauchzehen
½ Bund Basilikum
200 ml Sahne
Salz
Pfeffer

Zubereitungszeit:
ca. 15 Minuten
(plus Garzeit)

Die Salami in feine Scheiben schneiden. Zwiebel und Knoblauch schälen, Zwiebel in halbe Ringe schneiden, Knoblauch fein hacken. Basilikum waschen, trocken schütteln und in Streifen schneiden.

Die Nudeln mit Salami, Zwiebel, Knoblauch, Sahne und 200 ml Wasser in einen Topf geben, salzen und pfeffern und einmal aufkochen lassen. Anschließend bei mittlerer Hitze und geschlossenem Deckel ca. 10 Minuten köcheln lassen.

Die Salami-Pasta vor dem Servieren gut durchmengen und mit Basilikum bestreut servieren.

Mit Fenchelsalami wird's besonders würzig.

Tortellini-One-Pot
mit Würstchen und Spinat

4 Portionen • 701 kcal/2936 kJ, 27 g E, 37 g F, 66 g KH pro Portion

ZUTATEN

350 g Spinat
2 Schalotten
1 Knoblauchzehe
2–3 Würstchen (z. B. Wiener)
2 El Olivenöl
150 ml heiße Gemüsebrühe
150 ml Sahne
400 g frische Tortellini
  aus der Kühltheke
50 g frisch geriebener
  Parmesan
1 Tl Salz
1 Msp. Pfeffer

Zubereitungszeit:
ca. 15 Minuten
(plus Garzeit)

Den Spinat gründlich waschen und in schmale Streifen schneiden. Schalotten und Knoblauch schälen und fein hacken. Die Würstchen in Scheiben schneiden.

Das Öl in einem beschichteten Topf erhitzen. Zwiebeln und Knoblauch darin 1–2 Minuten anschmoren, dann Spinat, Brühe, Sahne, Würstchen, Salz und Pfeffer zugeben, alles umrühren und einmal aufkochen lassen. Dann die Hitze reduzieren, die Tortellini zugeben und bei geschlossenem Deckel und kleiner Hitze 5–10 Minuten ziehen lassen. Wenn die Soße zu dickflüssig ist, noch etwas Wasser hinzufügen.

Den Tortellini-One-Pot vor dem Servieren gut durchrühren und mit Parmesan bestreuen.

One Pots mit Pasta

Tagliatelle
mit Gemüse und Schinken

4 Portionen • 863 kcal/3615 kJ, 47 g E, 36 g F, 87 g KH pro Portion

ZUTATEN

4 Frühlingszwiebeln
300 g Kochschinken
400 g Erbsen (TK)
100 g frisch geriebener Parmesan
300 ml Sahne
2 Tl Salz
1 Msp. Pfeffer
400 g Vollkorntagliatelle

Zubereitungszeit:
ca. 15 Minuten
(plus Garzeit)

Die Frühlingszwiebeln waschen, putzen und in feine Streifen schneiden. Den Schinken ebenfalls in dünne Streifen schneiden.

Von den Frühlingszwiebeln 2 Esslöffel abnehmen und beiseitestellen. Die restlichen Frühlingszwiebeln mit Schinken, Erbsen, Parmesan, Sahne, 800 ml Wasser, Salz, Pfeffer und den Nudeln in einen beschichteten Topf geben und einmal aufkochen. Anschließend umrühren und bei geschlossenem Deckel und mittlerer Hitze 10 Minuten köcheln lassen. Wenn die Soße zu dickflüssig ist, noch etwas Wasser hinzufügen.

Die Tagliatelle vor dem Servieren gut durchrühren und mit den restlichen Frühlingszwiebeln bestreuen.

Spaghetti
mit roten Zwiebeln und Paprika

4 Portionen • 468 kcal/1957 kJ, 14 g E, 12 g F, 75 g KH pro Portion

ZUTATEN

3 rote Zwiebeln
4 El schwarze Oliven
2 grüne Paprikaschoten
4 El eingelegte Kapern
4 El Olivenöl
400 g Spaghetti
1 Tl Salz
1 Msp. Pfeffer

Zubereitungszeit:
ca. 20 Minuten
(plus Garzeit)

Die Zwiebeln schälen und in Ringe schneiden. Die Oliven gegebenenfalls entsteinen und ebenfalls in feine Ringe schneiden. Die Paprikaschote waschen, halbieren, entkernen und in dünne Streifen schneiden.

Das Öl in einem beschichteten Topf erhitzen und die Zwiebeln darin 2–3 Minuten scharf anbraten. Zuerst Paprika, Oliven, Kapern und 400 ml Wasser dazugeben, dann die Nudeln (einmal in der Mitte durchgebrochen), Salz und Pfeffer. Umrühren und bei geschlossenem Deckel und mittlerer Hitze 10 Minuten köcheln lassen, eventuell noch etwas Wasser hinzufügen. Vor dem Servieren gut durchrühren und noch einmal abschmecken.

vegan

Noch kräftiger im Geschmack wird dieser One Pot, wenn Sie mit den Zwiebeln noch 2-3 Sardellenfilets (in Salz, dann abgespült, oder in Öl) mitbraten.

One Pots mit Pasta

Tagliatelle
in Pfifferling-Tomaten-Sauce

4 Portionen • 721 kcal/3019 kJ, 18 g E, 36 g F, 79 g KH pro Portion

ZUTATEN
350 g kleine Pfifferlinge
3 Schalotten
1 Knoblauchzehe
400 g Cocktailtomaten
5 Stängel Thymian
4 El Olivenöl
1 El Zucker
1 Schuss Weinbrand
400 g Vollkorntagliatelle
300 ml Sahne
1 Tl Salz
1 Msp. Pfeffer

Zubereitungszeit:
ca. 20 Minuten
(plus Garzeit)

vegetarisch

Die Pfifferlinge putzen, trocken abreiben, die Ende knapp abschneiden und die Pilze gegebenenfalls halbieren. Schalotten und Knoblauch schälen und fein hacken. Die Tomaten waschen und halbieren, den Thymian waschen, trocken schütteln und die Blättchen von den Stängeln zupfen.

Das Öl in einem beschichteten Topf erhitzen. Schalotten und Knoblauch darin 1–2 Minuten anschmoren. Tomaten und Zucker zugeben, 2 Minuten mitbraten und dann mit Weinbrand ablöschen. Die Flüssigkeit kurz einköcheln lassen.

Nudeln, Thymianblättchen, Pilze, 600 ml Wasser, Sahne, Salz und Pfeffer zugeben, umrühren und bei geschlossenem Deckel und mittlerer Hitze 10 Minuten köcheln lassen. Wenn die Soße zu dickflüssig ist, noch etwas Wasser hinzufügen. Vor dem Servieren gut durchrühren und noch einmal abschmecken.

Lieber ohne Alkohol? Brühe statt Weinbrand geht auch.

One Pots mit Pasta

Linguine
mit Lachs und Safranbutter

4 Portionen • 567 kcal/2372 kJ, 25 g E, 20 g F, 71 g KH pro Portion

ZUTATEN
1 unbehandelte Zitrone
250 g Stremellachs
5 El Butter
2 Msp. gemahlener Safran
400 g Linguine
1 Tl Salz
Pfeffer

Die Zitrone heiß abspülen, abtrocknen, die Schale abreiben und den Saft auspressen. Den Lachs in kleine Stücke zupfen.

Die Butter in einem beschichteten Topf schmelzen lassen, den Safran zugeben und alles vermischen. Nudeln, Zitronensaft und -schale, Salz und 400 ml Wasser zugeben. Den Deckel auflegen und alles 7–10 Minuten köcheln lassen. Gegebenenfalls etwas mehr Wasser zufügen.

Den Lachs vorsichtig unterrühren und den Linguine-Lachs-Topf mit frisch gemahlenem Pfeffer bestreut servieren.

Zubereitungszeit:
ca. 15 Minuten
(plus Garzeit)

Spätzle mit Linsen
und Speck

4 Portionen • 395 kcal/1654 kJ, 13 g E, 20 g F, 41 g KH pro Portion

ZUTATEN
1 rote Zwiebel
1 kleines Bund Petersilie
100 g geräucherter Speck
240 g Linsen aus der Dose
400 g frische Spätzle
 aus der Kühltheke
Pfeffer
Salz

Die Zwiebeln schälen und fein würfeln. Die Petersilie waschen, trocken schütteln und fein hacken.

Den Speck klein würfeln, in einem beschichteten Topf auslassen und leicht anbraten. Dann die Zwiebelwürfel hinzugeben und anrösten. Die Linsen mit Flüssigkeit sowie die Spätzle hinzugeben und alles 3–5 Minuten bei mittlerer Hitze garen. Mit Pfeffer und Salz abschmecken.

Vor dem Servieren die Petersilie dazugeben und alles gut vermengen.

Zubereitungszeit:
ca. 20 Minuten

Vollkornnudeln
mit Kürbis-Curry-Sauce

4 Portionen • 804 kcal/3366 kJ, 17 g E, 42 g F, 89 g KH pro Portion

ZUTATEN

- 500 g Hokkaidokürbis
- 1 rote Zwiebel
- 1 unbehandelte Limette
- 2 El Butter
- 2 El Honig
- 1 El Currypulver
- ½ Tl Chiliflocken
- 2 El Rosinen
- 450 ml Sahne
- 400 g Vollkornnudeln
- Salz

Zubereitungszeit:
ca. 20 Minuten
(plus Garzeit)

vegetarisch

Den Kürbis waschen, entkernen und klein würfeln. Die Zwiebel schälen, halbieren und in Ringe schneiden. Die Limette heiß waschen, abtrocknen, die Schale abreiben und den Saft auspressen.

Die Butter in einem beschichteten Topf erhitzen. Die Zwiebelwürfel darin 1–2 Minuten anschmoren, dann die Kürbiswürfel hinzugeben und weitere 5 Minuten mitbraten.

Limettensaft und -schale, Honig, Currypulver, Chiliflocken, Rosinen, Sahne, Nudeln, 1 gute Prise Salz und 800 ml Wasser in den Topf geben, alles umrühren und bei geschlossenem Deckel und mittlerer Hitze 10–15 Minuten köcheln lassen. Wenn die Sauce zu dickflüssig ist, noch etwas Wasser hinzufügen.

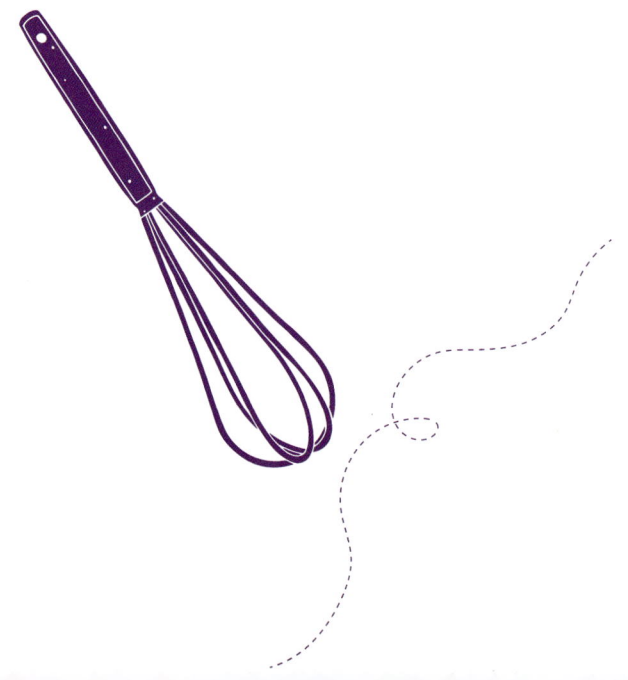

One Pots mit Pasta

Rotkohl-Nudeln
mit Rinderschinken

4 Portionen • 443 kcal/1853 kJ, 15 g E, 22 g F, 45 g KH pro Portion

ZUTATEN

- 2 El Ketchup
- 7 El Olivenöl
- 2 El Honig
- 2 Tl edelsüßes Paprikapulver
- Pfeffer
- 1 El Senf
- 2 El Sojasauce
- 2 El Worcestersauce
- 350 g Rotkohl
- 1 Zwiebel
- 1 Knoblauchzehe
- 100 g Rinderschinken in Scheiben
- 200 g kurze Nudeln

Zubereitungszeit: ca. 20 Minuten (plus Garzeit)

Ketchup, 6 Esslöffel Olivenöl, Honig, Paprikapulver, 1 Prise Pfeffer, Senf, Soja- und Worcestersauce zu einer Marinade verrühren.

Den Rotkohl waschen und in feine Streifen schneiden. Zwiebel und Knoblauch schälen und fein hacken. Rinderschinken in Streifen schneiden. 1 Esslöffel Öl in einen beschichteten Topf geben und Knoblauch und Zwiebeln darin 1–2 Minuten andünsten. Den Rotkohl zugeben, kurz mitbraten, dann die Marinade darunterrühren. Die Nudeln sowie 450 ml Wasser in den Topf geben.

Einmal aufkochen lassen, dann die Hitze reduzieren und alles bei geschlossenem Deckel und mittlerer Hitze 10 Minuten köcheln lassen. Nach Belieben noch etwas Wasser hinzufügen. Vor dem Servieren den Rinderschinken zugeben und gut unterrühren.

Der Rotkohl sollte wirklich fein geschnitten oder gehobelt werden, sonst bleibt er zu knackig.

One Pots mit Pasta

Schafskäse-Pasta
mit Auberginen und Minze

4 Portionen • 717 kcal/3002 kJ, 29 g E, 28 g F, 86 g KH pro Portion

ZUTATEN
600 g Aubergine
2 rote Zwiebeln
2 Knoblauchzehen
200 g Schafskäse (Feta)
50 g Walnüsse
1 unbehandelte Limette
2–3 Zweige Minze
2 El Olivenöl
200 g Erbsen (TK)
400 g kurze Nudeln
800 ml Gemüsebrühe
¼ Tl Cayennepfeffer
1 Tl Currypulver
Salz
Pfeffer

Zubereitungszeit:
ca. 25 Minuten
(plus Garzeit)

Die Auberginen waschen, putzen und klein würfeln. Zwiebeln und Knoblauch schälen, Knoblauch fein hacken, Zwiebel in Ringe schneiden. Den Schafskäse zerbröseln, die Walnüsse grob hacken. Die Limette heiß abspülen, abtrocknen, von einer Hälfte die Schale abreiben, den kompletten Saft auspressen. Die Minze waschen, die Blätter abzupfen und hacken.

Das Öl in einem Topf erhitzen, Zwiebeln und Knoblauch darin andünsten. Dann die Auberginenwürfel zugeben und ca. 3 Minuten mitbraten. Erbsen, Nudeln, Limettensaft und -schale, die Hälfte vom Schafskäse, Brühe und Gewürze zugeben. Salzen und pfeffern und bei mittlerer Hitze und geschlossenem Deckel ca. 10 Minuten köcheln lassen. Gegebenenfalls etwas Wasser nachgießen.

Die Schafskäse-Pasta vor dem Servieren gut durchmengen und mit der Minze, dem restlichen Schafskäse und den Walnüssen bestreut servieren.

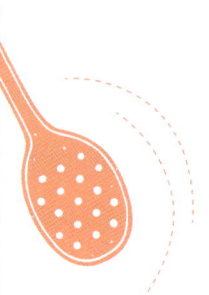

Tomaten-Pasta
mit Oliven und Artischocken

4 Portionen • 466 kcal/1953 kJ, 16 g E, 10 g F, 77 g KH pro Portion

ZUTATEN
4 El grüne Oliven
200 g Artischockenherzen aus dem Glas
600 g Tomaten
1 Zwiebel
2 Knoblauchzehen
2 El Olivenöl
400 g kurze Nudeln
1 Tl Salz
1 Msp. Pfeffer
4 El Pinienkerne

Zubereitungszeit:
ca. 20 Minuten
(plus Garzeit)

vegan

Die Oliven gegebenenfalls entsteinen und in feine Ringe schneiden. Die Artischockenherzen in feine Streifen schneiden. Die Tomaten waschen, vom Stielansatz befreien und fein würfeln. Zwiebel und Knoblauch schälen und in feine Streifen bzw. Scheiben schneiden.

Das Öl in einem beschichteten Topf erhitzen, Zwiebeln und Knoblauch darin kurz andünsten. Dann die Tomaten, Oliven, Artischocken, Nudeln, Salz und Pfeffer in den Topf geben. Mit 600 ml Wasser aufgießen und alles bei geschlossenem Deckel und mittlerer Hitze 8–10 Minuten köcheln lassen. Währenddessen die Pinienkerne in einer kleinen Pfanne ohne Fett goldbraun anrösten.

Die Pasta vor dem Servieren gut durchmischen und mit den Pinienkernen bestreut servieren.

Bandnudeln
mit Hackfleisch, Pilzen und Tomaten

4 Portionen • 746 kcal/3124 kJ, 45 g E, 28 g F, 77 g KH pro Portion

ZUTATEN
2 Zwiebeln
400 g kleine braune Champignons
100 g getrocknete, in Öl eingelegte Tomaten
2 El Olivenöl
400 g gemischtes Hackfleisch
400 g breite Bandnudeln
500 ml heiße Rinderbrühe
400 g Tomatenstücke aus der Dose
1 Tl Salz
1 Msp. Pfeffer
2–3 Tl Paprikapulver
1 Prise Zucker

Zubereitungszeit: ca. 20 Minuten (plus Garzeit)

Die Zwiebeln schälen und würfeln. Die Champignons putzen und vierteln. Die getrockneten Tomaten abtropfen lassen und in feine Streifen schneiden.

Das Öl in einem Topf erhitzen und die Zwiebeln und das Hackfleisch darin ca. 3 Minuten anbraten. Pilze, getrocknete Tomaten, Nudeln, Brühe, Tomatenstücke, Salz, Pfeffer, Paprikapulver und Zucker zugeben, alles aufkochen und bei geschlossenem Deckel ca. 10 Minuten köcheln lassen. Gegebenenfalls noch etwas Wasser nachgießen.

Den Bandnudel-Hack-Topf vor dem Servieren vorsichtig durchrühren und noch einmal mit Salz und Pfeffer abschmecken.

One Pots mit Pasta

Scharfe Orecchiette
in Bohnen-Tomaten-Sauce

4 Portionen • 478 kcal/1999 kJ, 20 g E, 7 g F, 82 g KH pro Portion

ZUTATEN

2 Zwiebeln

2 Knoblauchzehen

2 El Rapsöl

600 g Tomatenstücke aus der Dose

240 g Canellinibohnen aus der Dose

2 Tl Harissa (FP)

2 Prisen Chiliflocken

4 El Tomatenmark

1 El Zucker

2 Tl Salz

2 El Zitronensaft

2 Msp. gemahlene Nelken

400 g Orecchiette

Zubereitungszeit: ca. 15 Minuten (plus Garzeit)

Zwiebeln und Knoblauch schälen und fein hacken. Das Öl in einem beschichteten Topf erhitzen und Zwiebeln und Knoblauch darin glasig dünsten. Tomaten, abgetropfte Bohnen, Harissa, Chiliflocken, Tomatenmark, Honig, Salz, Zitronensaft und Nelkenpulver zugeben und gut vermengen. Die Orecchiette und 400 ml Wasser zufügen, alles aufkochen und bei geschlossenem Deckel und mittlerer Hitze 10 Minuten köcheln lassen. Eventuell noch etwas Wasser zugeben.

Vor dem Servieren einmal durchrühren. Wer es schärfer mag, kann einfach mehr Chiliflocken oder Harissa an das Gericht geben.

Harissa ist eine Würzpaste aus dem nordafrikanischen Raum und schön scharf!

One-Pot-Lasagne
aus dem Ofen

4 Portionen • 852 kcal/3569 kJ, 47 g E, 54 g F, 44 g KH pro Portion

ZUTATEN
1 Zwiebel
200 g Knollensellerie
2 Möhren
5 Scheiben Bacon
400 g gemischtes Hackfleisch
Salz
Pfeffer
500 g Tomatenpassata aus dem Glas
3–4 El getrocknete italienische Kräuter
75 ml heiße Rinderbrühe
150 g Doppelrahmfrischkäse
200 g Lasagne-Platten
200 g frisch geriebener Emmentaler

Zubereitungszeit:
ca. 25 Minuten
(plus Backzeit)

Den Ofen auf 220 °C Ober-/Unterhitze vorheizen. Die Zwiebel schälen und fein hacken. Sellerie und Möhren schälen, putzen und fein würfeln. Den Bacon in feine Streifen schneiden.

In einer weiten, backofenfesten Pfanne den Bacon braun anbraten. Zwiebel, Möhren und Sellerie für 2–3 Minuten dazugeben. Dann das Hackfleisch zugeben, salzen, pfeffern und braun anbraten. Passata, italienische Kräuter und Brühe zugeben, alles vermengen, dann den Frischkäse zugeben und unterrühren.

Die Lasagneplatten unter und zwischen die Soße schieben, gegebenenfalls in passende Stücke zurechtbrechen. Die Oberfläche mit Emmentaler bestreuen und die Lasagne im Ofen ca. 40 Minuten abgedeckt backen. Für die letzten 10 Minuten die Abdeckung abnehmen.

One Pots mit Pasta

Penne mit Lachs
in Kräuter-Zitronen-Sauce

4 Portionen • 698 kcal/3921 kJ, 27 g E, 29 g F, 73 g KH pro Portion

ZUTATEN

- 2 kleine Zwiebeln
- 6 Stängel Dill
- 1 Bund Schnittlauch
- 6 Stängel Kerbel
- 2 unbehandelte Zitronen
- 250 g Räucherlachs
- 2 El Butter
- 200 ml Weißwein
- 400 g Penne
- 2 Tl Salz
- 200 ml Sahne
- ½ Tl zerstoßener roter Pfeffer

Zubereitungszeit: ca. 25 Minuten (plus Garzeit)

Die Zwiebeln schälen und fein hacken. Dill, Schnittlauch und Kerbel waschen, trocken schütteln und fein hacken. Die Zitronen heiß abspülen, abtrocknen und die Schale fein abreiben. Den Lachs in schmale Streifen schneiden.

Die Butter in einem Topf erhitzen und die Zwiebeln darin glasig dünsten. Mit Weißwein ablöschen, kurz einköcheln lassen, dann Penne, Salz, 500 ml Wasser, Sahne und Zitronenschale zugeben und einmal aufkochen lassen.

Anschließend bei geschlossenem Deckel und mittlerer Hitze 7–10 Minuten köcheln lassen. Vor dem Servieren die Kräuter und den Lachs zugeben, mit rotem Pfeffer bestreuen und einmal gut durchmengen.

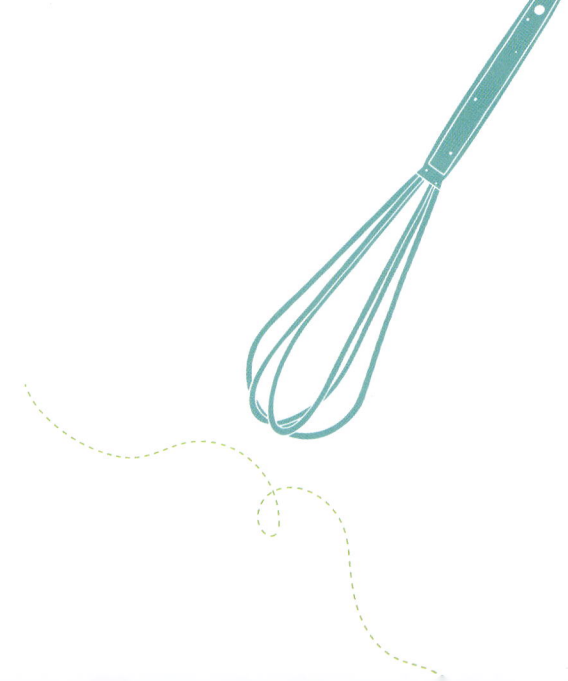

One Pots mit Reis

Ob asiatisch mit Kokosmilch und Curry, schön deftig mit Speck, Wurst oder Grünkohl oder fein abgestimmt mit Dill, Lachs und Zitrone – Sie werden unsere Reis-One-Pots lieben!

Abwechslungsreiche Ideen für alle Reis-Freunde!

Kokos-Reis-Topf
mit Hähnchen

4 Portionen • 595 kcal/2490 kJ, 33 g E, 22 g F, 66 g KH pro Portion

ZUTATEN

- 1 Zwiebel
- 1–2 cm Ingwer
- ½ Mango
- 2 Frühlingszwiebeln
- 2 El Ghee
- 400 g Hähnchengeschnetzeltes
- 400 ml Kokosmilch
- 350–400 ml heiße Geflügelbrühe
- 300 g Langkornreis
- 40 g Kokoschips
- Salz
- ¼ Tl Chili
- ½ Tl Kurkumapulver
- 3 Tl gemahlener Koriander
- 2 Tl gemahlener Kreuzkümmel
- 2 El Sesamsaat

Zubereitungszeit:
ca. 20 Minuten
(plus Garzeit)

Zwiebel und Ingwer schälen und fein hacken. Die Mango schälen, vom Stein lösen und würfeln. Die Frühlingszwiebeln waschen, putzen und in feine Ringe schneiden.

Das Ghee in einem Topf erhitzen und das Hähnchen darin anbraten. Zwiebel und Ingwer zugeben und kurz mitbraten. Mango, Kokosmilch, Brühe, Reis, Kokoschips und Gewürze hinzufügen und alles einmal aufkochen lassen. Gut vermengen und bei geschlossenem Deckel und mittlerer Hitze 20–30 Minuten köcheln lassen. Eventuell noch etwas Wasser zugeben.

Vor dem Servieren gut durchrühren und mit den Frühlingszwiebelringen und Sesam bestreuen.

Lieber vegetarisch? Dann mit Tofu und Gemüsebrühe.

Reiscurry mit Gemüse, Ananas und Erdnüssen

4 Portionen • 483 kcal/2021 kJ, 15 g E, 19 g F, 63 g KH pro Portion

ZUTATEN

½ Ananas
2 Möhren
1 rote Zwiebel
100 g gesalzene, geröstete Erdnüsse
200 g Reis
200 g Erbsen (TK)
4 Tl Rosinen
2–3 El Currypulver
1 Tl Kurkuma
1 Tl gemahlener Kreuzkümmel
1 Msp. Zimtpulver
¼ Tl Chilipulver
1 Tl Salz
2 El Rapsöl

Zubereitungszeit:
ca. 25 Minuten
(plus Garzeit)

vegan

Das Ananasfruchtfleisch von der Schale schneiden und 1 cm groß würfeln. Dabei den Saft auffangen. Die Möhren schälen, putzen und schräg in feine Scheiben schneiden. Die Zwiebel schälen, halbieren und in Ringe schneiden. Die Erdnüsse hacken.

Reis, Möhren, Zwiebel, Ananas, Erbsen, Rosinen, Gewürze und Salz übereinander in einen Topf schichten. Öl und Ananassaft darübergeben und vorsichtig mit 300 ml Wasser aufgießen. Den Deckel auflegen und das Curry bei mittlerer Hitze 20–30 Minuten köcheln lassen. Wenn nötig, etwas Wasser nachgießen. Vor dem Servieren gut durchmengen und mit Erdnüssen bestreut servieren.

Paprika-Reistopf
mit Mettwurst

4 Portionen • 469 kcal/1964 kJ, 20 g E, 23 g F, 46 g KH pro Portion

ZUTATEN

200 g Mettwurst
50 g Speck
1 Zwiebel
2 Knoblauchzehen
2 rote Paprikaschoten
200 g kleine Champignons
5 Tomaten
200 g Reis
350 ml heiße Fleischbrühe
Salz
Pfeffer
1 Prise Zucker

Zubereitungszeit:
ca. 30 Minuten
(plus Garzeit)

Die Mettwurst gegebenenfalls von der Pelle befreien und in feine Scheiben schneiden. Den Speck würfeln. Zwiebel und Knoblauch schälen und fein hacken. Die Paprika waschen, entkernen und fein würfeln. Die Champignons putzen, die Enden knapp abschneiden und die Pilze halbieren. Die Tomaten waschen, von Stielansätzen befreien und in 2 cm große Würfel schneiden.

Die Champignons in einem beschichteten Topf ohne Fett scharf anbraten. Speck, Zwiebel und Knoblauch zugeben und 1–2 Minuten mitbraten. Reis, Mettwurst, Paprika, Tomaten und Brühe in den Topf geben, mit Salz, Pfeffer und Zucker abschmecken. Bei mittlerer Hitze und geschlossenem Deckel ca. 20 Minuten köcheln lassen. Den Reistopf vor dem Servieren gut durchrühren und noch einmal abschmecken.

One-Pot-Reis
mit Ratatouillegemüse

4 Portionen • 286 kcal/1197 kJ, 7 g E, 7 g F, 47 g KH pro Portion

ZUTATEN
200 g Tomaten
1 Zucchini
1 kleine Aubergine
1 Paprikaschote
1 Zwiebel
1 Knoblauchzehe
2 El schwarze Oliven
4 Zweige Oregano
200 g Reis
300 ml heiße Gemüsebrühe
2 El Rapsöl
1 Tl Salz
1 Msp. Pfeffer
1 Prise Zucker

Zubereitungszeit:
ca. 30 Minuten
(plus Garzeit)

Die Tomaten waschen, überkreuz einritzen und in eine Schüssel geben. Mit kochendem Wasser übergießen und kurz darin liegen lassen. Dann mit einer Schöpfkelle aus dem Wasser nehmen und häuten. Die Tomaten vierteln, von den Stielansätzen befreien und klein würfeln.

Zucchini, Aubergine und Paprikaschote waschen, putzen und in 1 cm große Würfel schneiden. Zwiebel und Knoblauch schälen und fein hacken. Die Oliven gegebenenfalls entsteinen und in feine Ringe schneiden. Den Oregano waschen, trocken tupfen und die Blättchen abzupfen.

Das Öl in einem Topf erhitzen und darin Zwiebel und Knoblauch andünsten. Dann Tomaten, Zucchini, Aubergine, Paprika, Oliven, Oregano, Reis, Brühe, Salz, Pfeffer und Zucker zugeben und bei geschlossenem Deckel und kleiner Hitze 20–30 Minuten garen lassen. Wenn nötig, noch etwas Wasser nachgießen. Den Reistopf vor dem Servieren gründlich umrühren.

ZUTATEN

- 1 rote Zwiebel
- 1 Avocado
- 1 Limette
- ½ Bund Koriander
- 4 El Olivenöl
- 300 g Putengeschnetzeltes
- 2 Tl gemahlener Kreuzkümmel
- 800 g Tomatenstücke aus der Dose
- 340 g Mais aus der Dose
- 200 g Reis
- 2–3 Msp. Chilipulver
- 1 ½ Tl Salz
- 125 g Tortillachips

Zubereitungszeit:
ca. 25 Minuten
(plus Garzeit)

Mexikanischer Reistopf
mit Avocado und Tortillachips

4 Portionen • 733 kcal/3066 kJ, 30 g E, 33 g F, 79 g KH pro Portion

Die Zwiebel schälen und fein würfeln. Die Avocado halbieren, den Stein entfernen, das Fruchtfleisch mit einem Esslöffel aus den Schalen lösen und in 1 cm große Würfel schneiden. Die Limette auspressen. Den Koriander waschen, die Blätter abzupfen und grob hacken. Avocado, Limettensaft und Koriander miteinander vermengen.

Das Öl in einem Topf erhitzen und das Putengeschnetzelte darin 3 Minuten scharf anbraten. Die Zwiebel für 1 Minute zugeben. Den Kreuzkümmel hinzugeben, kurz mitrösten, dann mit den Tomatenstücken und 200 ml Wasser ablöschen. Abgetropften Mais, Reis, Chili und Salz hinzugeben, einmal aufkochen und bei kleiner Hitze 20 Minuten leise bei geschlossenem Deckel köcheln lassen.

Den Reistopf gut durchmischen, die Avocadowürfel darüber verteilen und mit je 1 Handvoll Tortillachips dekorieren.

Tomaten-Reispfanne
mit Hackbällchen und Mozzarella

4 Portionen • 761 kcal/3184 kJ, 34 g E, 41 g F, 64 g KH pro Portion

ZUTATEN

- 2 rote Zwiebeln
- 400 g rohe Bratwürstchen
- 250 g Mini-Mozzarellakugeln
- 300 g Reis
- 800 g Tomatenstücke aus der Dose
- 1 Tl Salz
- 1 Msp. Pfeffer

Zubereitungszeit: ca. 20 Minuten (plus Garzeit)

Die Zwiebeln schälen und fein würfeln. Das Bratwurstbrät aus der Wurstpelle drücken und Kugeln von ca. 2 cm Durchmesser daraus formen. Den Mozzarella abtropfen lassen.

Die Hackbällchen in einer heißen, beschichteten Pfanne 4–5 Minuten rundherum anbraten. Zwiebeln zugeben und für 1 Minute mitbraten. Reis, Tomatenstücke, 100 ml Wasser, Salz und Pfeffer zugeben, umrühren und die Mozzarellakugeln obendrauf verteilen. Den Deckel auf die Pfanne setzen und alles bei kleiner Hitze 25–30 Minuten köcheln lassen.

Grünkohl-Reis-Topf
mit Parmesan

4 Portionen • 481 kcal/2016 kJ, 25 g E, 20 g F, 45 g KH pro Portion

ZUTATEN
1 Zwiebel
800 g Grünkohl
4 getrocknete Tomaten
150 g Parmesan
2 El Olivenöl
200 g Reis
100 ml Weißwein
300 ml heiße Gemüsebrühe
1 Tl Salz
1 Msp. Pfeffer
2 El Pinienkerne

Zubereitungszeit:
ca. 25 Minuten
(plus Garzeit)

Die Zwiebel schälen und fein hacken. Den Grünkohl waschen, harte Rippen entfernen und die Blätter hacken. Die getrockneten Tomaten in feine Streifen schneiden. Den Parmesan hobeln.

Das Öl in einem Topf erhitzen. Erst die Zwiebel darin anbraten, dann den Reis dazugeben und kurz mitbraten. Mit dem Weißwein ablöschen und diesen kurz einköcheln lassen. Dann Grünkohl, Tomaten, Brühe, Parmesan, Salz und Pfeffer zugeben und bei mittlerer Hitze und geschlossenem Deckel 20–30 Minuten köcheln lassen. Wenn nötig, noch etwas Wasser hinzufügen. Währenddessen die Pinienkerne in einer kleinen Pfanne ohne Fett goldbraun anrösten.

Den Reistopf vor dem Servieren gut durchmengen und mit Pinienkernen bestreut servieren.

vegetarisch

Asia-Reis
mit Brokkoli, Sprossen und Ei

4 Portionen • 351 kcal/1471 kJ, 18 g E, 10 g F, 47 g KH pro Portion

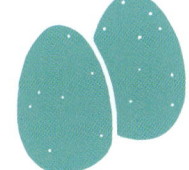

ZUTATEN
350 g Sojasprossen
350 g Brokkoli
2 Frühlingszwiebeln
2 El geröstetes Sesamöl
2 Eier
200 g Basmatireis
3 El Sojasauce
2 El Fischsoße
400 ml heiße Gemüsebrühe
Salz
Pfeffer

Zubereitungszeit:
ca. 25 Minuten
(plus Garzeit)

Die Sojasprossen waschen und in einem Sieb abtropfen lassen. Den Brokkoli waschen, putzen, die Röschen abtrennen und in mundgerechte Stücke schneiden. Die Frühlingszwiebeln waschen, putzen und in feine Ringe schneiden. 2 Esslöffel von den Frühlingszwiebelringen beiseitestellen.

Das Öl in einem beschichteten Topf erhitzen. Die Eier aufschlagen und im Öl kurz anbraten. Den Reis dazugeben und gut untermischen. Sojasprossen, Brokkoli, Frühlingszwiebeln, Sojasauce, Fischsauce und Gemüsebrühe zugeben, salzen und pfeffern. Alles einmal aufkochen lassen, dann auf mittlere Hitze reduzieren und bei geschlossenem Deckel ca. 20 Minuten köcheln lassen. Wenn nötig, noch etwas Wasser nachgießen.

Den Asia-Reis vor dem Servieren gut durchmengen und mit den restlichen Frühlingszwiebeln bestreuen.

vegetarisch

One Pots mit Reis

Scharfer Curryreis
mit Bohnen

4 Portionen • 378 kcal/1585 kJ, 15 g E, 7 g F, 62 g KH pro Portion

ZUTATEN

1 Zwiebel
3 Knoblauchzehen
1 Stück Ingwer (ca. 1 cm)
1 Chilischote
1 kleines Bund Koriander
480 g Kidneybohnen
  aus der Dose
1–2 Tl Koriandersamen
1–2 Tl Kreuzkümmelsamen
1 Tl schwarze Sesamsamen
2 El Ghee
200 g Reis
250 g Tomatenstücke
  aus der Dose
1 Tl Salz
1 El Agavendicksaft

Zubereitungszeit:
ca. 25 Minuten
(plus Garzeit)

Zwiebel, Knoblauch und Ingwer schälen und fein hacken. Die Chilischote waschen, halbieren, entkernen und ebenfalls fein hacken (dabei am besten Küchenhandschuhe tragen). Den Koriander waschen, trocken schütteln und fein hacken. Die Kidneybohnen in ein Sieb geben, abspülen und abtropfen lassen. Koriander-, Kreuzkümmel- und Sesamsamen in einem Mörser zerkleinern.

Das Ghee in einem Topf erhitzen, die Gewürze darin schwenken. Zwiebel und Knoblauch zugeben und 1 Minute mitbraten, dann den Reis dazugeben und untermengen.

Tomaten, Ingwer, Chili, Salz, Honig und 300 ml Wasser zugeben und bei geschlossenem Deckel und mittlerer Hitze 20–30 Minuten köcheln lassen. Gegebenenfalls etwas Wasser nachgießen. Vor dem Servieren den gehackten Koriander zugeben und gründlich unterrühren.

Zitronenreis
mit Dill und Lachs

4 Portionen • 716 kcal/2998 kJ, 38 g E, 45 g F, 42 g KH pro Portion

ZUTATEN
½ Bund Dill
1 unbehandelte Zitrone
4 Lachsfilets à 150 g
200 g Basmatireis
125 g Frischkäse
200 ml Sahne
1 Tl Salz
1 Msp. Pfeffer
1 Prise Zucker

Zubereitungszeit:
ca. 20 Minuten
(plus Garzeit)

Den Dill waschen, trocken schütteln und fein hacken. Die Zitrone heiß abspülen, abtrocknen und die Schale abreiben. Den Lachs waschen und trocken tupfen.

Den Reis mit Dill, Zitronenabrieb, Frischkäse, Sahne, Salz, Pfeffer, Zucker und 300 ml Wasser in einen Topf geben, verrühren und aufkochen. Den Lachs obenauf legen und alles bei geschlossenem Deckel und mittlerer Hitze ca. 15 Minuten köcheln lassen. Wenn nötig, noch etwas Wasser nachgießen.

Geht auch mit TK-Lachs – aber vorher auftauen lassen!

One Pots mit Kartoffeln

Cremig und sahnig, vereint mit Gemüse, Würstchen oder Käse, voll von leckeren Gewürzen aus der ganzen Welt – das sind unsere köstlichen Kartoffel-One-Pots.

Die tolle Knolle mal anders!

Cremiger Kartoffeltopf mit Kokos und Curry

4 Portionen • 205 kcal/860 kJ, 5 g E, 6 g F, 33 g KH pro Portion

ZUTATEN

3 Stangen Sellerie mit Grün
700 g Kartoffeln
1 Zwiebel
300 g Tomaten
2 El Rapsöl
3 Tl Currypulver
Saft von ½ Zitrone
1 Tl Zucker
200 ml Kokosmilch
1 Tl Salz
1 Msp. weißer Pfeffer

Zubereitungszeit:
ca. 25 Minuten
(plus Garzeit)

vegan

Den Sellerie waschen, putzen und fein hacken. Die Sellerieblätter getrennt ebenfalls fein hacken. Die Kartoffeln waschen, schälen und in 1–2 cm große Würfel schneiden. Die Zwiebel schälen und in halbe Ringe schneiden. Die Tomaten waschen, von den Stielansätzen befreien und würfeln.

Das Öl in einem Topf erhitzen, Sellerie und Zwiebel darin 3 Minuten anbraten. Dann Curry und Kartoffelwürfel zugeben und einmal durchrühren. Tomaten, Zitronensaft, Honig, Kokosmilch, Salz und Pfeffer zugeben und bei geschlossenem Deckel und mittlerer Hitze 20 Minuten köcheln lassen.

Vor dem Servieren noch einmal umrühren und mit Selleriegrün bestreuen.

One Pots mit Kartoffeln

Kartoffel-Zucchini-Topf
mit italienischen Kräutern

4 Portionen • 368 kcal/1542 kJ, 7 g E, 22 g F, 32 g KH pro Portion

ZUTATEN

- 3 Zucchini (ca. 400 g)
- 1 Knoblauchzehe
- 1 Zwiebel
- 700 g Kartoffeln
- 2 Zweige Rosmarin
- 2 Zweige Oregano
- 2 Zweige Thymian (alternativ gemischte italienische Kräuter)
- 2 El Olivenöl
- 50 ml Weißwein
- 1 Tl Honig
- 200 ml Sahne
- 1 El frisch geriebener Parmesan
- 1 Tl Salz
- 1 Prise Pfeffer

Die Zucchini waschen, putzen und fein würfeln. Knoblauch und Zwiebel schälen und fein hacken. Die Kartoffeln waschen und 1–2 cm groß würfeln. Die Kräuter waschen, trocken schütteln, die Blättchen bzw. Nadeln abzupfen und fein hacken.

Das Öl in einer Pfanne erhitzen und Knoblauch und Zwiebeln darin 1–2 Minuten anbraten. Zucchini für 2–3 Minuten mitbraten, dann mit Weißwein ablöschen. Kartoffeln, Honig, Sahne, Parmesan, Salz, Pfeffer und die Hälfte der Kräuter zugeben und bei geschlossenem Deckel und mittlerer Hitze 20 Minuten köcheln lassen.

Den Kartoffel-Zucchini-Topf vor dem Servieren umrühren und mit den restlichen Kräutern bestreuen.

Zubereitungszeit: ca. 25 Minuten (plus Garzeit)

Keine frischen Kräuter zur Hand? Zur Not geht's auch mit getrockneten Kräutern.

Kürbis-Kartoffel-Curry
mit Kokosmilch

4 Portionen • 152 kcal/640 kJ, 4 g E, 3 g F, 26 g KH pro Portion

ZUTATEN

- 1 Zwiebel
- 500 g Kartoffeln
- 500 g Kürbis
- 1 Tl Koriandersamen
- 1 Tl Fenchelsamen
- 1 Tl Kreuzkümmelsamen
- ½ Tl schwarze Senfsamen
- 1 El Ghee
- 1 Tl Kurkuma
- 200 ml Kokosmilch
- 1 Tl Salz
- 1 El frisch gehacktes Koriandergrün

Die Zwiebel schälen, Kartoffeln und Kürbis waschen und ebenfalls schälen (außer, Sie verwenden Hokkaidokürbis, der muss nicht geschält werden). Die Zwiebel in Ringe schneiden, Kartoffeln und Kürbis in ca. 2 cm große Würfel.

Einen Topf erhitzen und die Koriander-, Fenchel-, Kreuzkümmel- und Senfsamen darin kurz anrösten. Dann aus dem Topf nehmen und im Mörser anstoßen.

Das Ghee in dem Topf zerlassen, die angestoßenen Samen hineingeben und durchschwenken, dann die Zwiebel zugeben und 1 Minute anbraten. Kartoffeln, Kürbis, Kurkuma, Kokosmilch und Salz zugeben, vermengen und bei geschlossenem Deckel und mittlerer Hitze 20–25 Minuten köcheln lassen.

Das Curry zum Servieren mit Koriander bestreuen.

Zubereitungszeit:
ca. 25 Minuten
(plus Garzeit)

One Pots mit Kartoffeln

Kartoffeln mediterran
mit Salsiccia

4 Portionen • 491 kcal/2059 kJ, 30 g E, 20 g F, 47 g KH pro Portion

ZUTATEN
800 g kleine Kartoffeln
2 Zwiebeln
2 Knoblauchzehen
3 Salsiccia-Würste
4 El Oliven
5 getrocknete Tomaten
2 Zweige Rosmarin
2 El Olivenöl
200 g küchenfertige Saubohnen
250 ml heiße Gemüsebrühe
Salz
Pfeffer

Zubereitungszeit:
ca. 25 Minuten
(plus Garzeit)

Die Kartoffeln gründlich waschen und halbieren. Zwiebeln und Knoblauch schälen, die Zwiebeln in Ringe schneiden, den Knoblauch durch eine Knoblauchpresse drücken. Die Würste in Scheiben schneiden. Die Oliven gegebenenfalls entsteinen und in Scheiben, die Tomaten in Streifen schneiden. Den Rosmarin waschen, trocken schütteln, die Nadeln abzupfen und fein hacken.

Das Öl in einem Topf erhitzen, Zwiebeln und Knoblauch darin braun anbraten (aber nicht zu dunkel, sonst wird der Knoblauch bitter). Kartoffeln und Salsicciascheiben zugeben und kurz mitbraten. Oliven, Tomaten, Rosmarin, Saubohnen und Gemüsebrühe zugeben und bei mittlerer Hitze 15 Minuten köcheln lassen. Wenn nötig, noch etwas Wasser nachgießen.

Die mediterranen Kartoffeln vor dem Servieren gut durchmengen und mit Salz und Pfeffer abschmecken.

Würstchenpfanne
mit Kartoffeln und Kürbis

4 Portionen • 579 kcal/2424 kJ, 21 g E, 40 g F, 34 g KH pro Portion

ZUTATEN
700 g kleine Kartoffeln
2 Schalotten
1 Stange Lauch
200 g Hokkaidokürbis
1 kleines Bund Petersilie
2 El Rapsöl
12 Nürnberger Bratwürstchen
400 ml heiße Rinderbrühe
150 g Crème fraîche
Pfeffer
Salz

Die Kartoffeln gründlich waschen und, je nach Größe, halbieren oder ganz lassen. Die Schalotten schälen und fein hacken. Den Lauch waschen und in Ringe schneiden. Den Kürbis waschen, entkernen und 1 cm groß würfeln. Die Petersilie waschen, trocken schütteln und fein hacken.

Eine hohe Pfanne mit Öl ausstreichen und auf dem Herd erhitzen. Die Würstchen darin rundherum braun anbraten, die Schalotte dazugeben und kurz mitdünsten. Kartoffeln, Lauch und Kürbis darüber verteilen und die Rinderbrühe angießen. Die Crème fraîche in Klecksen daraufsetzen. 20 Minuten köcheln lassen, eventuell Brühe nachgießen. Vor dem Servieren gut durchmengen, mit Salz und Pfeffer abschmecken und mit Petersilie bestreuen.

Zubereitungszeit:
ca. 25 Minuten
(plus Garzeit)

Kartoffel-Mais-Pfanne
mit Schafskäsedip

4 Portionen • 881 kcal/3690 kJ, 24 g E, 35 g F, 117 g KH pro Portion

ZUTATEN

2 Knoblauchzehen
100 g Schafskäse (Feta)
300 g Naturjoghurt
100 g zimmerwarme Butter
4 Maiskolben
400 g kleine Kartoffeln
Salz
Pfeffer

Zubereitungszeit:
ca. 30 Minuten
(plus Garzeit)

vegetarisch

Den Knoblauch schälen und durch die Knoblauchpresse drücken. Den Schafskäse fein würfeln oder zerbröseln und mit Knoblauch und Joghurt in eine Schüssel geben und vermengen.

Eine große oder zwei kleine Pfannen gleichmäßig mit der Butter ausstreichen. Den Mais von Blättern und Bart befreien und die Enden abschneiden. Die Kartoffeln gründlich waschen, trocknen und halbieren. Die Maiskolben mittig in der Pfanne platzieren, die Kartoffeln mit der Schnittfläche nach unten drumherum anordnen. Die Pfanne mit so viel Wasser befüllen, dass die Kartoffeln knapp bedeckt sind. Die Pfanne mit Alufolie abdecken, dabei einen Spalt freilassen, damit Dampf entweichen kann.

Die Kartoffel-Mais-Pfanne bei starker Hitze auf dem Herd kochen lassen, bis das Wasser vollständig verdampft ist und Kartoffeln und Mais zu bräunen beginnen. Für weitere 5–10 Minuten braten lassen. Dann salzen, pfeffern und mit dem Schafskäse-Joghurt-Dip servieren.

One Pots mit Kartoffeln

One Pots mit Getreide & Co.

Hirse, Quinoa, Amaranth, Couscous oder Bulgur – die köstlichen Körner sind nicht nur gesund, sondern machen sich geschmacklich auch ausgesprochen gut in unseren One Pots.

Hirse, Quinoa und Amaranth – optimal bei Glutenunverträglichkeit!

Champignon-Quinotto
mit Parmesan

4 Portionen • 285 kcal/1195 kJ, 17 g E, 10 g F, 25 g KH pro Portion

ZUTATEN
150 g weißer Quinoa
5 g getrocknete Steinpilze
400 g kleine Champignons
1 Zwiebel
3–4 Zweige Thymian
100 g Parmesan
150 ml Weißwein
1 Tl Salz
1 Msp. Pfeffer
100 ml heiße Gemüsebrühe

Zubereitungszeit:
ca. 25 Minuten
(plus Garzeit)

Den Quinoa in ein Sieb geben und unter heißem fließendem Wasser gründlich waschen und abtropfen lassen. Die Steinpilze in eine Schale geben und mit 50 ml kochendem Wasser übergießen. Die Champignons putzen, die Stielenden knapp abschneiden und die Pilze halbieren. Die Zwiebel schälen und fein hacken. Den Thymian waschen, trocken schütteln und die Blättchen abzupfen. Die Steinpilze aus dem Wasser nehmen und fein hacken, das Wasser aufheben. Den Parmesan reiben.

Quinoa mit Wein, Einweichwasser der Pilze, Salz, Pfeffer, Brühe, Parmesan, Thymian und Steinpilzen in einen Topf geben und vermengen. Darüber die Champignonstücke geben. Den Deckel schließen, einmal aufkochen und anschließend bei mittlerer Hitze ca. 20 Minuten köcheln lassen. Währenddessen ab und zu umrühren und eventuell noch etwas Wasser oder Brühe zugeben. Vor dem Servieren noch einmal gründlich vermengen.

vegetarisch

One Pots mit Getreide & Co.

Kräuter-Hirse
mit grünem Spargel

4 Portionen • 356 kcal/1293 kJ, 13 g E, 11 g F, 51 g KH pro Portion

ZUTATEN

- 1 kg grüner Spargel
- 3 Frühlingszwiebeln
- 1 Bund gemischte Kräuter (z.B. Bärlauch, Kerbel, Petersilie, Schnittlauch, Sauerampfer)
- 250 g Hirse
- 700 ml heiße Gemüsebrühe
- 100 ml Sahne
- Salz
- Pfeffer

Den Spargel waschen und im unteren Drittel schälen, die unteren Enden knapp abschneiden. Die Stangen schräg in jeweils ca. 4 Stücke schneiden. Die Frühlingszwiebeln waschen, putzen und in feine Ringe schneiden. Die Kräuter waschen, trocken schütteln und fein hacken.

Die Hirse in ein Sieb geben und heiß abspülen. Anschließend mit Spargel, Frühlingszwiebeln, Brühe und Sahne in einen Topf geben und bei geschlossenem Deckel und mittlerer Hitze ca. 20 Minuten köcheln lassen. Gegebenenfalls noch etwas Wasser hinzufügen. Die Kräuter untermengen, mit Salz und Pfeffer abschmecken und servieren.

Zubereitungszeit:
ca. 25 Minuten
(plus Garzeit)

vegetarisch

Der perfekte Frühlings-One-Pot!

One Pots mit Getreide & Co.

Couscous-Gemüse-Topf
mit Schafskäse

4 Portionen • 519 kcal/2175 kJ, 21 g E, 22 g F, 58 g KH pro Portion

ZUTATEN
250 g Tomaten
1 Aubergine
1 Zwiebel
2 Paprikaschoten
250 g Schafskäse (Feta)
2 Zweige Minze
2 El Olivenöl
300 g Couscous
1 El Ras el-Hanout (marokkanische Gewürzmischung), alternativ Paprikapulver und gemahlener Kreuzkümmel
400 ml heiße Gemüsebrühe
Salz
Pfeffer

Zubereitungszeit:
ca. 25 Minuten
(plus Garzeit)

vegetarisch

Die Tomaten waschen, von den Stielansätzen befreien und in 1 cm große Würfel schneiden. Die Aubergine waschen, putzen und klein würfeln. Die Zwiebel schälen und fein hacken, die Paprikaschoten waschen, entkernen und sehr fein würfeln. Den Schafskäse ebenfalls würfeln. Die Minze waschen, trocken schütteln, die Blättchen abzupfen und in feine Streifen schneiden.

Einen Topf mit Öl ausstreichen und darin Zwiebel, Couscous, Paprika, Aubergine, Schafskäse, Tomaten, Ras el-Hanout und Minze schichten und vorsichtig mit Gemüsebrühe aufgießen. Salzen und pfeffern. Einmal aufkochen lassen, dann auf kleine Flamme schalten und 10–15 Minuten quellen lassen.

Den Couscous-One-Pot vor dem Servieren gründlich durchmengen und noch einmal abschmecken.

Mangold-Bulgur
mit Granatapfel und Aubergine

4 Portionen • 410 kcal/1717 kJ, 14 g E, 10 g F, 65 g KH pro Portion

ZUTATEN

1 Aubergine
500 g Mangold
3 Knoblauchzehen
3 Frühlingszwiebeln
1 Granatapfel
600 ml heiße Gemüsebrühe
300 g Bulgur
Salz
Pfeffer
2 El geröstetes Sesamöl

Zubereitungszeit:
ca. 25 Minuten
(plus Garzeit)

vegan

Die Aubergine waschen, putzen und in 1 cm große Würfel schneiden. Den Mangold waschen und putzen, die Stiele fein würfeln und die Blätter in feine Streifen schneiden. Den Knoblauch schälen und fein hacken. Die Frühlingszwiebeln waschen und putzen, die weißen Teile fein würfeln, die grünen Teile in feine Ringe schneiden. Den Granatapfel entkernen, den Saft dabei auffangen.

Bulgur, Aubergine, Mangold, Knoblauch, das Weiße von den Frühlingszwiebeln, Granatapfelsaft und Gemüsebrühe in einem Topf einmal aufkochen lassen. Bei kleiner Hitze und geschlossenem Deckel 20 Minuten ausquellen lassen.

Den Bulgur-One-Pot mit Salz und Pfeffer abschmecken und gut durchmengen. Mit Frühlingszwiebelgrün und Granatapfelkernen bestreuen und mit Sesamöl beträufeln.

One Pots mit Getreide & Co.

Amaranth-Bowl
mit Avocado und Haselnüssen

4 Portionen • 675 kcal/2825 kJ, 21 g E, 37 g F, 65 g KH pro Portion

ZUTATEN
- 300 g Wirsing
- 100 g frische Sprossen nach Wahl
- 1 Avocado
- 1 reife Birne
- 1 Stück Ingwer (1 cm)
- 100 g Haselnüsse
- 300 g Amaranth
- 500 ml heiße Gemüsebrühe
- 1 Tl Salz
- 50 ml Möhrensaft
- 2 El gutes Leinöl
- 2 El Hanfsamen (nach Belieben)

Zubereitungszeit: ca. 25 Minuten (plus Garzeit)

Den Wirsing waschen, von harten Rippen befreien und in feine Streifen schneiden. Die Sprossen waschen und trocken schütteln. Die Avocado schälen, vom Kern lösen und in Spalten schneiden. Die Birne waschen, vierteln, entkernen und ebenfalls in dünne Spalten schneiden. Den Ingwer schälen und fein hacken. Die Haselnüsse ebenfalls fein hacken.

Den Amaranth mit Wirsingstreifen, Gemüsebrühe, Ingwer und Salz aufkochen, 10 Minuten kochen lassen und anschließend bei kleiner Hitze und geschlossenem Deckel 20 Minuten quellen lassen.

Karottensaft und Leinöl zur Wirsing-Amaranth-Mischung geben und gut durchmengen. Die Avocado- und Birnenspalten darauf verteilen. Die Amaranth-Bowl mit Sprossen, Hanfsamen und Haselnüssen bestreuen und servieren.

One-Pot-Quinoa
mit Kürbis und Manouri

4 Portionen • 300 kcal/1258 kJ, 12 g E, 8 g F, 39 g KH pro Portion

ZUTATEN

- 150 g roter Quinoa
- 200 g Hokkaidokürbis
- 200 g Petersilienwurzel
- 2–3 Trockenpflaumen
- ½ Bund Petersilie
- 100 g Manouri (griechischer Frischkäse, alternativ Ricotta)
- 150 ml Rotwein
- 1 Tl Salz
- 1 Msp. Pfeffer
- 150 ml heiße Gemüsebrühe
- 1 El Ahornsirup

Zubereitungszeit:
ca. 25 Minuten
(plus Garzeit)

vegetarisch

Den Quinoa in ein Sieb geben und unter heißem fließendem Wasser gründlich waschen und abtropfen lassen. Den Kürbis ebenfalls heiß waschen, entkernen und klein würfeln. Die Petersilienwurzel schälen und fein würfeln. Die Trockenpflaumen fein hacken. Die Petersilie waschen, trocken schütteln und fein hacken. Den Manouri klein würfeln.

Den Quinoa mit Rotwein, Salz, Pfeffer, Brühe, Pflaumenstücken, Ahornsirup und der Hälfte vom Käse in einen Topf geben und vermengen. Darüber die Kürbis- und Petersilienwurzelstücke geben und den Deckel schließen. Einmal aufkochen und anschließend bei mittlerer Hitze ca. 30 Minuten köcheln lassen. Eventuell noch etwas Wasser oder Brühe zugeben.

Den Quinoa-One-Pot vor dem Servieren umrühren und mit dem restlichen Manouri und der gehackten Petersilie bestreut servieren.

One Pots mit Getreide & Co.

Orangen-Gewürz-Couscous
mit Möhren

4 Portionen • 421 kcal/1766 kJ, 13 g E, 3 g F, 82 g KH pro Portion

ZUTATEN

300 g Möhren
1 Zwiebel
1 kleines Bund Petersilie
5 Orangen
2 El Rapsöl
300 g Couscous
2 El Rosinen
1 Tl Zimt
1 Prise Chilipulver
½ Tl Kurkuma
½ Tl gemahlener Kreuzkümmel
300 ml heiße Gemüsebrühe
Salz

Die Möhren schälen, putzen und sehr fein würfeln. Die Zwiebel schälen und fein hacken. Die Petersilie waschen, trocken schütteln und fein hacken. Die Orangen schälen und filetieren, den Saft dabei auffangen.

Das Öl in einem Topf erhitzen und Zwiebel darin glasig anschwitzen. Möhren, Couscous, Orangenfilets, Orangensaft, Rosinen, Zimt, Chili, Kurkuma, Kreuzkümmel und Gemüsebrühe zugeben. Einmal aufkochen lassen, dann bei kleiner Hitze und geschlossenem Deckel 10–15 Minuten quellen lassen.

Den Couscous gut durchmengen, mit Salz abschmecken und mit Petersilie bestreut servieren.

Zubereitungszeit:
ca. 25 Minuten
(plus Garzeit)

Und dazu ein heißer Tee aus frischer marokkanischer Minze.

Bulgur-Gemüse
provenzalisch mit Sardellen

4 Portionen • 442 kcal/1852 kJ, 14 g E, 17 g F, 56 g KH pro Portion

ZUTATEN

1 unbehandelte Zitrone
600 g Zucchini
2 Knoblauchzehen
2 in Salz eingelegte Sardellenfilets
1 kleines Bund Kräuter der Provence
60 ml Olivenöl
300 g Bulgur
500 ml heiße Gemüsebrühe
Salz
Pfeffer

Die Zitrone heiß abwaschen, die Schale abreiben und den Saft auspressen. Die Zucchini waschen, putzen und klein würfeln. Den Knoblauch schälen und fein hacken. Die Sardellenfilets abbrausen und trocken tupfen. Die Kräuter waschen, trocken schütteln und fein hacken.

20 ml Öl in einem Topf bei mittlerer Hitze erwärmen und die Sardellenfilets darin 2–3 Minuten dünsten. Bulgur, Zucchini, Knoblauch, Zitronensaft, Zitronenschale, Kräuter, restliches Olivenöl und Gemüsebrühe zugeben und salzen und pfeffern.

Einmal aufkochen lassen, dann bei kleiner Hitze und geschlossenem Deckel 20 Minuten ausquellen lassen. Gegebenenfalls noch etwas Wasser hinzufügen und vor dem Servieren gut durchmengen.

Zubereitungszeit:
ca. 25 Minuten
(plus Garzeit)

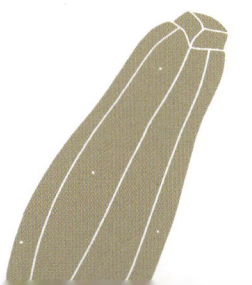

Hirse-Gemüse-Pfanne
mit Erdnusssauce

4 Portionen • 673 kcal/2818 kJ, 16 g E, 23 g F, 100 g KH pro Portion

ZUTATEN
- 2 Süßkartoffeln
- 3 Möhren
- 1 rote Chilischote
- 2 Zwiebeln
- 250 g Hirse
- 4 El Erdnussbutter
- ½ Tl Salz
- 700 ml heiße Gemüsebrühe
- 100 ml Sahne
- 2–3 El gehackte geröstete Erdnüsse

Zubereitungszeit: ca. 20 Minuten (plus Garzeit)

vegetarisch

Die Süßkartoffeln und Möhren schälen und klein würfeln. Die Chilischote waschen, entkernen und fein hacken (dabei am besten Handschuhe tragen). Die Zwiebeln schälen und fein hacken.

Die Hirse in ein Sieb geben und heiß waschen. Anschließend mit Süßkartoffeln, Möhren, Chili, Zwiebeln, Erdnussbutter, Salz, Gemüsebrühe und Sahne in eine hohe Pfanne oder in einen Topf geben und bei geschlossenem Deckel und mittlerer Hitze ca. 30 Minuten köcheln. Wenn nötig, noch etwas Wasser nachgießen.

Die Hirse-Gemüse-Pfanne vor dem Servieren gut durchmengen und mit gehackten Erdnüssen bestreut servieren.

Für eine vegane Variante einfach Sojasahne statt normale Sahne nehmen.

One Pots mit Getreide & Co.

Hirse-Fenchel-Pfanne
mit Hackfleisch

4 Portionen • 524 kcal/2193 kJ, 25 g E, 22 g F, 57 g KH pro Portion

ZUTATEN
1 Zwiebel
1 Fenchelknolle
5 Thymianzweige
300 g Hirse
2 El Rapsöl
300 g Hackfleisch
500 ml heißer Rinderfond
400 g Tomatenstücke
  aus der Dose
Salz
Pfeffer

Zubereitungszeit:
ca. 25 Minuten
(plus Garzeit)

Die Zwiebel schälen und fein hacken. Den Fenchel waschen, putzen und in feine Streifen schneiden. Den Thymian waschen, trocken schütteln und die Blättchen abzupfen. Die Hirse in ein Sieb geben und heiß waschen.

Das Öl in einem Topf erhitzen. Hackfleisch und Zwiebel zugeben und 5 Minuten anbraten. Hirse, Fenchel, Thymian, Rinderfond und Tomatenstücke zugeben, kräftig salzen und pfeffern und bei mittlerer Hitze und geschlossenem Deckel ca. 20 Minuten köcheln lassen. Eventuell noch etwas Wasser nachgießen.

Die Hirse-Hack-Pfanne vor dem Servieren gut durchmengen und abschmecken.

Tomaten-Bulgur
mit Oliven und Ei

4 Portionen • 488 kcal/2046 kJ, 15 g E, 21 g F, 59 g KH pro Portion

ZUTATEN
500 g Cocktailtomaten
2 Schalotten
3 Knoblauchzehen
100 g schwarze Oliven
1 Bund glatte Petersilie
3 El Olivenöl
2 Eier
300 g Bulgur
3 El Tomatenmark
500 ml heiße Gemüsebrühe
Salz
Pfeffer

Zubereitungszeit:
ca. 25 Minuten
(plus Garzeit)

vegetarisch

Die Tomaten waschen und halbieren. Schalotten und Knoblauch schälen und fein hacken. Die Oliven gegebenenfalls entsteinen und in feine Ringe schneiden. Die Petersilie waschen, trocken schütteln, die Blättchen abzupfen und fein hacken.

Das Olivenöl in einem Topf erhitzen und Schalotten und Knoblauch darin glasig anschwitzen. Die Tomaten für 2–3 Minuten dazugeben, dann die Eier darüber aufschlagen. Bulgur, Oliven, Tomatenmark und Brühe dazugeben, salzen und pfeffern und unter gelegentlichem Rühren einmal aufkochen lassen. Anschließend bei kleiner Hitze und geschlossenem Deckel 20 Minuten ausquellen lassen. Wenn nötig, noch etwas Wasser nachgießen.

Vor dem Servieren den Bulgur gut durchmischen, die Petersilie untermengen und mit Salz und Pfeffer abschmecken.

One Pots: Suppen & Eintöpfe

Die One Pots in diesem Kapitel wärmen, überraschen, tun gut, schmecken herrlich – und machen einfach glücklich!

Das Richtige für jeden Suppenkasper!

Provenzalischer Eintopf
mit Cabanossi

4 Portionen • 612 kcal/2564 kJ, 18 g E, 50 g F, 12 g KH pro Portion

ZUTATEN

300 g Cabanossi
2 Schalotten
500 g Tomaten
2 Zucchini
250 g Artischockenherzen aus der Dose
100 g schwarze Oliven
1 Bund frische Kräuter der Provence
3 El Olivenöl
300 ml Rotwein
2 El Tomatenmark
700 ml heiße Gemüsebrühe
1 Tl Salz
1 Msp. Pfeffer

Die Wurst in 1 cm große Würfel schneiden. Die Schalotten schälen, halbieren und in Ringe schneiden. Die Tomaten waschen, von den Stielansätzen befreien und würfeln. Die Zucchini waschen, putzen, halbieren und in dünne Scheiben schneiden. Die Artischockenherzen abtropfen lassen und in feine Streifen schneiden. Die Oliven gegebenenfalls entkernen und in feine Ringe schneiden. Die Kräuter waschen, trocken schütteln und fein hacken.

Das Öl in einem Topf erhitzen und Zwiebeln und Wurst darin kurz scharf anbraten. Mit dem Rotwein ablöschen und kurz einköcheln lassen. Tomaten, Zucchini, Artischocken, Oliven, Tomatenmark, Brühe, Salz und Pfeffer zugeben und bei mittlerer Hitze offen 10–15 Minuten köcheln lassen. Den Eintopf mit Salz und Pfeffer abschmecken und vor dem Servieren die Kräuter untermischen.

Zubereitungszeit:
ca. 25 Minuten
(plus Garzeit)

Marokkanischer Eintopf
mit Kartoffeln und Lamm

4 Portionen • 441 kcal/1850 kJ, 19 g E, 44 g F, 20 g KH pro Portion

ZUTATEN

1 Aubergine (250 g)
1 rote Zwiebel
2 Knoblauchzehen
700 g festkochende Kartoffeln
2 Tl Ras el-Hanout
75 g Datteln
6 El Ghee
300 g fein gewürfeltes Lammgulasch
1 Tl Kurkuma
150 g Naturjoghurt
1 ½ Tl Salz
Pfeffer

Zubereitungszeit:
ca. 30 Minuten
(plus Garzeit)

Die Aubergine waschen, putzen und in 2 cm große Würfel schneiden. Die Zwiebel schälen, halbieren und in Ringe schneiden. Den Knoblauch schälen und fein hacken. Die Kartoffeln schälen und in 2 cm große Stücke schneiden. Das Ras el-Hanout fein mörsern und die Datteln vierteln.

4 Esslöffel von dem Ghee in einem Topf erhitzen und die Auberginen darin 3–4 Minuten anbraten, bis sie zu bräunen beginnen. Die Auberginenwürfel an den Topfrand schieben, in die Mitte das restliche Ghee geben und das Lammfleisch darin rundherum 3 Minuten scharf anbraten. Zwiebeln und Knoblauch zugeben.

Die Gewürze und Kartoffeln hinzugeben, kurz mitrösten und mit 100 ml Wasser und dem Joghurt ablöschen. Kurz aufkochen lassen, Dattelstücke und Salz zugeben und das Ganze bei geschlossenem Deckel 25 Minuten bei kleiner Hitze köcheln lassen. Den Eintopf noch einmal umrühren und nach Geschmack mit Pfeffer würzen.

One Pots: Suppen & Eintöpfe

Asia-Gemüse-Suppe
mit Hähnchenbrust

4 Portionen • 350 kcal/1466 kJ, 26 g E, 7 g F, 43 g KH pro Portion

ZUTATEN

2 Möhren
2 rote Paprikaschoten
2 cm Ingwer
1 kleiner Pak Choi
400 g Hähnchenbrustfilet
150 g Mie-Nudeln
4 El Sojasauce
2 El Austern- oder Fischsauce
1,5 l heiße Gemüsebrühe
4 El Zitronensaft
Salz
1 Tl Honig
1 Msp. Chilipulver

Die Möhren putzen und schälen, die Paprika waschen und entkernen. Beides in feine Streifen schneiden. Den Ingwer schälen und sehr fein hacken. Den Pak Choi waschen und in feine Streifen schneiden. Das Hähnchenbrustfilet abbrausen, trocken tupfen und in feine Streifen schneiden.

Alle Zutaten in einen Topf geben und zum Kochen bringen. Anschließend auf mittlerer Hitze bei geschlossenem Deckel ca. 7 Minuten köcheln lassen. Die Suppe mit Salz, Honig und Chilipulver abschmecken.

Zubereitungszeit:
ca. 20 Minuten
(plus Garzeit)

Lieber vegetarisch? Tofu statt Hähnchen und einfach ohne die Austernsauce.

One Pots: Suppen & Eintöpfe

Seitan-Kartoffel-Eintopf
mit Paprika

4 Portionen • 255 kcal/1071 kJ, 17 g E, 9 g F, 26 g KH pro Portion

ZUTATEN
1 rote Zwiebel
2 rote Paprikaschoten
250 g würziger Seitan
400 g Kartoffeln
3 El Olivenöl
2 Tl scharfes Paprikapulver
2 Tl edelsüßes Paprikapulver
1 Tl Salz

Zubereitungszeit:
ca. 25 Minuten
(plus Garzeit)

vegan

Die Zwiebel schälen, halbieren und grob würfeln. Die Paprikaschoten waschen, entkernen und in 2 cm große Würfel schneiden. Den Seitan abtropfen lassen und klein würfeln. Die Kartoffeln waschen, schälen und in 1–2 cm große Würfel schneiden.

Das Olivenöl in einem Topf erhitzen und die Seitanwürfel darin rundherum 3–4 Minuten scharf anbraten. Für 1 Minute die Zwiebel zugeben, dann Paprika, Kartoffeln, Paprikapulver, Salz und 750 ml Wasser hinzufügen. Die Hitze reduzieren und den Eintopf bei mittlerer Hitze und geschlossenem Deckel 20 Minuten köcheln lassen.

Rindfleischtopf
mit Gemüse und Bier

4 Portionen • 401 kcal/1682 kJ, 33 g E, 19 g F, 19 g KH pro Portion

ZUTATEN

2 Zwiebeln
1 Knoblauchzehe
3 Möhren
1 große Pastinake
2 Stangen Sellerie
6 Stängel Thymian
600 g Rindergulasch
2 El Pflanzenöl
2 El Tomatenmark
330 ml dunkles Bier
1 l heiße Gemüsebrühe
1 Tl Salz
1 Msp. Pfeffer
1 Lorbeerblatt

Zubereitungszeit:
ca. 30 Minuten
(plus Garzeit)

Zwiebeln und Knoblauch schälen und fein hacken. Möhren und Pastinake schälen, putzen und in 2–3 cm große Würfel schneiden. Den Sellerie waschen und in Scheiben schneiden. Den Thymian waschen, trocken schütteln und die Blättchen abzupfen. Das Rindfleisch abspülen und trocken tupfen.

Das Öl im Topf erhitzen und das Rindfleisch darin von allen Seiten gut anbraten. Zwiebeln, Gemüse und Knoblauch dazugeben und ebenfalls anbraten. Das Tomatenmark mit etwas Wasser vermischen, über das Fleisch geben und verrühren. Kurz einköcheln lassen, dann mit dem Bier ablöschen.

Die Hitze auf niedrigste Stufe reduzieren. Gemüse, Thymian, Gemüsebrühe, Salz, Pfeffer und Lorbeerblatt zugeben und einen Deckel auflegen. Den Rindfleischtopf ca. 2 Stunden garen. Mit Salz und Pfeffer abschmecken.

Kürbis-Linsen-Eintopf
mit Parmesan und Kürbiskernöl

4 Portionen • 475 kcal/1990 kJ, 27 g E, 19 g F, 48 g KH pro Portion

ZUTATEN
250 g rote Linsen
500 g Hokkaidokürbis
1 rote Zwiebel
250 g Tomaten
3 Zweige Rosmarin
1 unbehandelte Orange
100 g Parmesan
1,2 l heiße Gemüsebrühe
2 El Honig
1 Tl Salz
Chilipulver
2 El Kürbiskernöl

Zubereitungszeit:
ca. 25 Minuten
(plus Garzeit)

vegetarisch

Die Linsen abspülen und in einem Sieb abtropfen lassen. Den Kürbis gründlich waschen, entkernen und sehr klein würfeln. Die Zwiebel schälen, halbieren und in Ringe schneiden. Die Tomaten waschen, vom Stielansatz befreien und in 1 cm große Würfel schneiden. Den Rosmarin waschen, die Nadeln abzupfen und fein hacken. Die Orange gut abspülen, die Schale abreiben und den Saft auspressen. Den Parmesan reiben oder grob raspeln.

Linsen, Kürbis, Tomaten, Zwiebel und Rosmarin mit Brühe, Orangensaft und Orangenschale, Honig, Salz und etwas Chilipulver in einen Topf geben und aufkochen lassen. Anschließend auf mittlere Hitze reduzieren und alles bei geschlossenem Deckel 10–15 Minuten köcheln lassen, eventuell noch etwas Wasser nachgießen.

Den Kürbis-Linsen-Eintopf mit Salz, Chili und Honig abschmecken und mit Parmesan bestreut und Kürbiskernöl beträufelt servieren.

ZUTATEN

1 Zwiebel
4 Möhren
2–3 Äpfel
2 Zucchini
4 El Erdnussmus
800 ml heiße Gemüsebrühe
2 El geröstetes Erdnussöl
2 El Curry
½ Tl Salz
½ Tl Zimt
¼ Tl Chilipulver
50 g gehackte Erdnüsse

Zubereitungszeit:
ca. 20 Minuten
(plus Garzeit)

vegan

Apfel-Möhren-Suppe
mit Erdnussbutter

4 Portionen • 344 kcal/1438 kJ, 11 g E, 20 g F, 31 g KH pro Portion

Die Zwiebel schälen und würfeln. Die Möhren und die Äpfel schälen und putzen bzw. vom Kerngehäuse befreien. Die Zucchini waschen und putzen. Das Gemüse und Obst auf einer Gemüsereibe grob raspeln.

Die Gemüse- und Obstraspel mit Erdnussmus, Gemüsebrühe, Curry, Salz, Zimt und Chili in einen Topf geben, aufkochen und bei mittlerer Hitze und geschlossenem Deckel 20 Minuten köcheln lassen. Die Suppe vor dem Servieren gut durchmengen, mit den Gewürzen noch einmal abschmecken und mit Erdnüssen bestreuen.

Dazu passt Reis oder Baguette.

Karamellisierte Lauchsuppe
mit Schmand

4 Portionen • 258 kcal/1081 kJ, 5 g E, 15 g F, 16 g KH pro Portion

Die Lauchstangen waschen, putzen und in feine Ringe schneiden. Die Butter in einem Topf schmelzen und die Lauchringe darin 5 Minuten braun anbraten. Den Zucker im Topf karamellisieren lassen, mit dem Lauch vermengen und mit Weißwein ablöschen.

Kurz einkochen lassen, dann Brühe, Salz, Pfeffer und Schmand zugeben.

Die Suppe bei geschlossenem Deckel und mittlerer Hitze 15 Minuten köcheln lassen und vor dem Servieren einmal durchrühren.

ZUTATEN

500 g Lauch
4 El Butter
4 El Zucker
200 ml Weißwein
700 ml heiße Gemüsebrühe
½ Tl Salz
1 Msp. Pfeffer
4 El Schmand

Zubereitungszeit:
ca. 15 Minuten
(plus Garzeit)

vegetarisch

Orientalischer Eintopf
mit Rosenkohl und Kichererbsen

4 Portionen • 392 kcal/1642 kJ, 14 g E, 26 g F, 25 g KH pro Portion

ZUTATEN

- 1 Bund Suppengrün
- 500 g Rosenkohl
- 1 Zwiebel
- 2 Knoblauchzehen
- ½ Chilischote
- 4 getrocknete Aprikosen
- ½ kleines Bund Petersilie
- 3 Stängel Minze
- 300 g Kichererbsen aus der Dose
- 2–3 El Tomatenmark
- 2 El edelsüßes Paprikapulver
- 2 El rosenscharfes Paprikapulver
- 1 Tl gemahlener Kreuzkümmel
- 1 Tl gemahlener Koriander
- 3 El Olivenöl
- 1 Tl Salz
- 1 El Zitronensaft
- 1 l heiße Gemüsebrühe
- 200 ml Sahne

Das Suppengrün waschen, putzen, gegebenenfalls schälen und sehr fein würfeln. Den Rosenkohl putzen, waschen und die Röschen halbieren. Zwiebel und Knoblauch schälen, den Knoblauch fein hacken, die Zwiebel in Ringe schneiden. Die Chilischote waschen, entkernen und fein hacken (dabei am besten Handschuhe tragen). Die Aprikosen fein hacken. Petersilie und Minze waschen, trocken schütteln und ebenfalls fein hacken. Die Kichererbsen abtropfen lassen.

Alle Zutaten bis auf Petersilie und Minze in einen Topf geben und einmal aufkochen lassen. Gut vermengen und bei geschlossenem Deckel und mittlerer Hitze 20 Minuten köcheln lassen. Gegebenenfalls noch etwas Wasser hinzufügen. Vor dem Servieren die gehackte Minze und Petersilie zugeben und gut unterrühren.

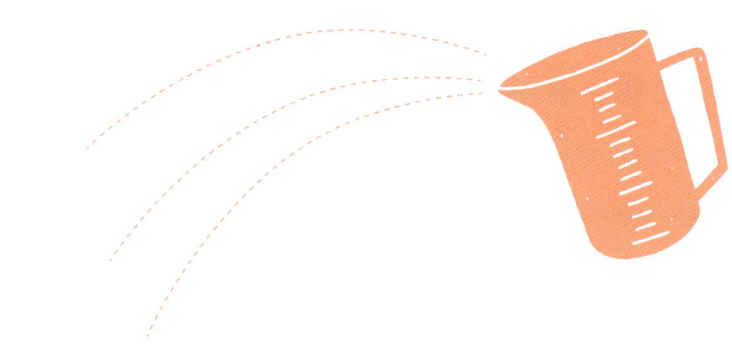

Zubereitungszeit:
ca. 30 Minuten
(plus Garzeit)

Sauerkrauteintopf
mit Räuchertofu

4 Portionen • 393 kcal/1645 kJ, 18 g E, 19 g F, 35 g KH pro Portion

ZUTATEN

5 g getrocknete Steinpilze
1 Zwiebel
500 g Kartoffeln
400 g Weißkohl
200 g Räuchertofu
500 g Sauerkraut
50 g Trockenpflaumen
3 El Rapsöl
800 ml heiße Gemüsebrühe
1 El Kümmel
Salz
Pfeffer

Zubereitungszeit:
ca. 30 Minuten
(plus Garzeit)

Die Steinpilze mit kochendem Wasser übergießen und einweichen lassen. Die Zwiebel schälen und fein hacken. Die Kartoffeln schälen und in 2 cm große Würfel schneiden. Den Weißkohl waschen und fein hobeln. Den Tofu fein würfeln, das Sauerkraut in einem Sieb abtropfen lassen. Die Pflaumen fein würfeln. Die Steinpilze aus dem Wasser nehmen und in feine Streifen schneiden, das Einweichwasser aufheben.

Das Öl in einem Topf erhitzen und den Räuchertofu darin 3 Minuten braun anbraten. Die Zwiebel für 1 Minute mitbraten, dann Kartoffeln, Kohl, Sauerkraut, Pilze und Einweichwasser, Pflaumen, Gemüsebrühe und Kümmel zugeben.

Kräftig salzen und pfeffern und bei geschlossenem Deckel 30–40 Minuten köcheln lassen. Wenn nötig, noch etwas Wasser zugeben. Den Eintopf vor dem Servieren gut durchrühren.

One Pots: Suppen & Eintöpfe

Rezeptverzeichnis

Amaranth-Bowl
  mit Avocado und Haselnüssen 96
Apfel-Möhren-Suppe mit Erdnussbutter 122
Asia-Gemüse-Suppe mit Hähnchenbrust 114
Asia-Reis mit Brokkoli, Sprossen und Ei 67

Bandnudeln
  mit Hackfleisch, Pilzen und Tomaten 45
Bulgur-Gemüse
  provenzalisch mit Sardellen 100

Champignon-Quinotto mit Parmesan 89
Couscous-Gemüse-Topf mit Schafskäse 92
Curryreis mit Bohnen, scharfer 68

Eintopf mit Cabanossi, provenzalischer 110
Eintopf mit Kartoffeln und Lamm,
  marokkanischer 113

Gorgonzola-Pasta
  mit Birne und Mangold 23
Grünkohl-Reis-Topf mit Parmesan 65

Hirse-Gemüse-Pfanne mit Erdnusssauce 103
Hirse-Fenchel-Pfanne mit Hackfleisch 104

Kartoffeln mit Salsiccia, mediterran 81
Kartoffel-Mais-Pfanne mit Schafskäsedip 84
Kartoffeltopf mit Kokos und Curry, cremiger 75
Kartoffel-Zucchini-Topf
  mit italienischen Kräutern 76
Kokos-Reis-Topf mit Hähnchen 54
Kräuter-Hirse mit grünem Spargel 90
Kürbis-Kartoffel-Curry mit Kokosmilch 78
Kürbis-Linsen-Eintopf
  mit Parmesan und Kürbiskernöl 120

Lauchsuppe mit Schmand, karamellisierte 123
Linguine mit Lachs und Safranbutter 34

Mangold-Bulgur
  mit Granatapfel und Aubergine 94

One-Pot-Lasagne aus dem Ofen 49
One-Pot-Pasta Grundrezept 16
One-Pot-Quinoa mit Kürbis und Manouri 97
One-Pot-Reis mit Ratatouillegemüse 60
Orangen-Gewürz-Couscous mit Möhren 98
Orecchiette
  in Bohnen-Tomaten-Sauce, scharfe 46
Orientalischer Eintopf
  mit Rosenkohl und Kichererbsen 124

Paprika-Reistopf mit Mettwurst 58
Penne mit Lachs
  in Kräuter-Zitronen-Sauce 50
Penne mit Steckrübe und Erbsen 18

Reiscurry
  mit Gemüse, Ananas und Erdnüssen 57
Reistopf mit Avocado und Tortillachips,
  mexikanischer 62
Rindfleischtopf mit Gemüse und Bier 119
Rotkohl-Nudeln mit Rinderschinken 39

Salami-Pasta in Zwiebel-Knoblauch-Sahne 24
Sauerkrauteintopf mit Räuchertofu 127
Schafskäse-Pasta mit Auberginen und Minze 40
Schmetterlingsnudeln Bella Italia 21
Seitan-Kartoffel-Eintopf mit Paprika 116
Soba-Nudeln mit Gemüse in Kokosmilch 22
Spätzle mit Linsen und Speck 35
Spaghetti mit roten Zwiebeln und Paprika 30

Tagliatelle mit Gemüse und Schinken 28
Tagliatelle in Pfifferling-Tomaten-Sauce 32
Tomaten Bulgur mit Oliven und Ei 106
Tomaten-Pasta mit Oliven und Artischocken 42
Tomaten-Reispfanne
  mit Hackbällchen und Mozzarella 63
Tortellini-One-Pot mit Würstchen und Spinat 27

Vollkornnudeln mit Kürbis-Curry-Sauce 36

Würstchenpfanne mit Kartoffeln und Kürbis 83

Zitronenreis mit Dill und Lachs 70